角川学芸ブックス

同時通訳

松本道弘

我師・西山千に捧げる

はじめに

二〇〇九年一月二一日（現地時間二〇日午後四時）、アメリカの大統領としてバラク・オバマ氏が就任した。アフリカ系の初めての大統領となる。

前年の予備選挙からこれまでの日々、大国アメリカという理由だけでなく、世界が注目してきた新しい大統領の誕生の瞬間は、テレビ、インターネットなどを通じて全世界へ配信された。

その前日である。私に電話がかかってきた。

「今晩ジャーナリストとして闘っていただきたい。午前二時、オバマ新大統領の演説を同時通訳し、抄訳して、ダイヤモンド社へFAXしてください」

元共同通信社の顧問格のB記者からの依頼で、他社や他のジャーナリストを出し抜いてもらいたいというのが底意だったらしい。

「オバマと二四時間」

オバマ大統領をペンで同時通訳した一日を私はこう呼ぶ。

同時通訳者は、ある種の予知能力が問われる。

ディベート思考で、オバマの哲学を摑《つか》み、思考回路に入り込み、「擬態（本人になりきること）」

を試みるというのが、私の接近戦《ルール・オブ・エンゲージメント》だ。

二〇分のスピーチを訳すにあたり、オバマ大統領にどのくらい感情移入できるかで、通訳の出来は左右される。

〝名人〟西山千が四〇年近く前に、アポロ宇宙船の月面着陸時の同時通訳をするために、NHKのスタジオで同時通訳のブースに押し込められる直前の心境とはどのようなものであったか。

そう考えた私の目の前に、師匠の眼が光っていた。

午前二時少し前にNHK‐BSのスイッチを入れた。

「あっ」と思わず叫んだ。日本語の同時通訳が入り、英語が聞こえてこない。焦った。英語の「心」を、日本語の「心」に置き換えるのが私に期待されていたからだ。すぐに手元のパソコンでFOX（インターネット・ニュース）に接続した。NHKの日本語とFOXの英語が重なって、集中力が多少落ちたが、もう逃げられない。月からの雑音と闘いながら英日の同時通訳をされた、師匠の声が聞こえる。

「通訳者にはハプニング（accident）はつきものだ。決して焦るな」

演説は二〇分かからなかった。そして、ここからが勝負だ。二〇分以内にメモを頼りに、抄訳してＦＡＸを送る。他社を出し抜くとはこのようにスピードを競うことなのか。インターネットの時代は、リアルタイムの時代なのだ。

各企業の幹部はオバマの一言一句に聞き耳を立て、一喜一憂しているはずだ。オバマは、壊滅状態のウォール街を、自動車業界をどう救済するのか。保護貿易に戻るのか。その時、日本の企業や金融業界は、そして日本の行方は。

そんな思いでいる人たちのために、メモを取る方も必死だ。

まとめは一〇分、ＦＡＸを済ませて二〇分以内。もうアップロードの態勢は整っている。

ほっとして解説を書く。午前六時、睡魔に襲われ仮眠。八時、ホテルの電話に起こされる。携帯電話には五、六本着信があった。送った手書きＦＡＸの内容を入力、編集されたものを校正し、午前中にアップロードしなければゴールを決めたことにならない。

各通信社も競っているのだ。他社は夕方までには、全文翻訳は済ませているはずだ。

インターネット時代は、即時性の闘いだ。即時性は同時通訳そのものである。同時通訳の時代が終わったなんていったのはだれだ。

二一日の午前中、眠い眼をこすりながら明治神宮前のダイヤモンド社に向かう。着くと、オバマの就任演説の英文スピーチと、他社の翻訳が渡された。勝手にアップロードできないから、同時通訳者のあなたの名前で全文翻訳してほしいという。

翻訳ではなく、同時通訳者の語り口調で「温《ぬく》もり」を込めてほしいという注文だ。私は通訳者であって翻訳者ではないと逃げていたが、このスピードの時代、そんなぜいたくは言っておられず、直ちに臨戦態勢に入る。もう意地だ。

最初は翻訳文のチェックをしていたが、これでは進まない。すぐに、私は自分自身が同時通訳をしているような心境になって体当たりする。火事場のバカ力だ。

私が同時翻訳したものを、隣で編集者がワープロで打つ。二人の競争が始まる。休みなしで五、六時間。同時翻訳を終えた時は、ワープロ入力も、同時に終わっていた。編集者は、すぐに業者と連絡。数十分後、全文がアップロードされる。じっくり推敲《すいこう》しているヒマもない。

「これで他社を出し抜いたことになりました。まだ一日も経っていないんですよ、先生」と、B氏が私の労を労《ねぎら》ってくれた。

四〇年前、同時通訳が弁護士業を抜いて、最も人気のある知的職業となった。ネコもシャクシもカッコいい同時通訳に憧《あこが》れ、同時通訳の学校に通い始めた。

そして四〇年後の今、同時通訳は特別な存在ではなくなった。テレビの画面にも同時通訳者の名前が出る。本来は、陰で動くべき、いわば忍者のような立場ゆえ、表に名前を出すことはなかった仕事のはずだ。それがマスコミに己を売り込む時代になったのだろうか？ 同時通訳者への社会的な認識も変わってきているのであろう。もっともそのような通訳者ばかりでもなかろうが。

最近の同時通訳業界の模様を調査して分かったが、同時通訳者の数がこの四〇年でかなりの数に増えているということだ。企業内通訳者というセミプロも存在している。同時通訳者を育てる教育機関や、大学院でのカリキュラムも同様である。

逐次通訳では二時間の会議が、四時間かかることになる。同時通訳では、二時間ぴったりで終わる。若干のコスト増と、通訳内容の正確度を多少犠牲にすることがあっても、時間が半減されるのだ。だから、ＩＴ時代ではリアルタイムで勝負のできる同時通訳のプロが主役となるのはいたしかたない。

グーグルは私の「ナニワ英語道」のブログを、いつのまにかチェロキー・イングリッシュ(Cherokee English) と訳している。「ナニワ」があの攻撃的なチェロキー・インディアンとは光栄の至りだが、法律が追いつけないリアルタイム下克上時代では、なんでもありなのだ。私が地方で行った講演や、ネイティヴとディベートをしている模様が、翌日、ユーチューブに登場している。目白押しの挑戦を目の前にしては、ユーチューブを訴える時間的余裕などない。

同時通訳、同時翻訳の時代がここまで来ているのだ。今年の三月で、私は七〇歳の誕生日を迎える。この歳で、このインターネット・メディア時代に、現役で闘える私は幸せだ。

同時通訳をやってよかった。伏して、天上の西山千師匠にお礼を申し上げたい。

崖《がけ》っぷちに立たされているアメリカに望まれているのが、アメリカ国民の団結。それが火事場のバカ力（fire fighter's courage）だという。このオバマ氏の言葉で泣いた国民は多いだろう。

世界は瞬時に勝負を決する同時通（翻）訳の時代に入った。どうしても、火事場のバカ力を借りて、同時通訳の泰斗・西山千師匠を追憶し、一刻も早く、功労を顕彰したい。

また、英語に関わる仕事を目指す人たちに、これまでの名人たちの仕事ぶりを知ってもらい、同時通訳の世界の素晴らしさを感じていただきたい。

同時通訳／目次

第一章　同時通訳とは

同時通訳は翻訳マシーンではない

日本で初めて同時通訳という存在が知られたのは、一九六九年のアポロ11号月面着陸の模様を、着陸船とヒューストンとを衛星回線で繋《つな》いで放映されたNHKの番組であろう。全世界が注目した人類初の快挙であり、月面の宇宙飛行士とヒューストンの職員の言葉のやり取りが、瞬時に日本語に訳される。家庭でこの模様を見ていた人々は、一様に度肝を抜かれたはずだ。

一九六九年の七月二〇日（日本時間）に、人類史上初めて人間が月の上に立った。世界の耳目は、アメリカのアポロ計画の壮挙に集中していた。

日本ではそれが月曜日の昼ごろで、全国の視聴者の六〇パーセント以上がそのテレビの生中継を見ていた。その晩のニュースまでを含めると、ほぼ視聴者の百パーセントが見ていた、という驚異的な数字であった。日本のテレビ放送開始以来、これだけ大多数の国民が一つのテレビ番組を視聴した例はなかった。（西山千『英語の通訳』サイマル出版会、一九八八年）

この同時通訳を、当時は生身の人間が行っているとは信じてもらえず、NHKには多くの問い合わせが入ったそうだ。

「翻訳マシーンをみせてほしい」

機械が人間よりも優秀であるという思い込みがあったのであろう。

実際、二〇一〇年現在でも、そこまで優秀な翻訳機というものはできていない。まして、今から四〇年も前の話である。

とはいえ、視聴者には人間業とは到底信じてもらえず、これ以降、テレビなどで同時通訳が行われる際には、画面に入る範囲にガラス張りの通訳ブースが設置され、通訳者の氏名が示されるようになった。

そのアポロ衛星中継の模様の同時通訳をしたのが、私が師と仰ぐ西山千である。

では、何故、人間が一つの言語を聞きながら違う言語を話すことができるのだろうか？

西山千をはじめとする、黎明《れいめい》期の主な同時通訳者とその方法などについて述べていこうと思う。

日本の同時通訳の黎明期と主な通訳者

日本で同時通訳が行われる前にも、当然通訳は存在した。逐次通訳である。第一の話者が話し終えたところで、その内容を通訳する。全訳だけでなく、抄訳、概訳の場合もある。

逐次通訳に限られたことではないが、事前にスピーチ内容がすべて確認できる場合もあれば、資料を渡される場合、また、打ち合わせさえまったくない場合もある。

まずは、西山千同様、草分けと呼ばれる相馬雪香氏についてみてみよう。

相馬氏が初めてヨーロッパの同時通訳者に触れたのは、一九四八年にアメリカのロサンゼルスで開かれたMRA（Moral Re-Armament 道徳再武装）世界大会であったという。同時通訳が最初に採用されたのは、一九四五年から翌年にかけてのニュルンベルク裁判の時であったから、日本人としてかなり早い時期に同時通訳に接していたことになる。

しかし触れたことと、ブースで実際に行ったこととは別だ。氏の長女で同時通訳者である原不二子氏（西山名人の眼から見ると語学の天才とのこと）は、こう語る。

一九五〇年のコーでの世界大会には日本人七十五名が招待されたのですが、そのときブースで通訳したのは西山千氏と母でした。母は二年前の大会ですでに同時通訳がどういうものかを見ているので、それを試してみる。「雪香、早すぎだよ」といってくる西山氏に、「早いほうがいいんだから」と言い返して競争しているうちに、同時通訳となっちゃった、などと私に話してくれました（『通訳ブースから見る世界』ジャパンタイムズ）

この話は、相馬氏が他界される少し前に、私もご本人の口から直接伺っている。

くやしいことに、通訳者の心構えというものは、いやというほど教え込まれたのだが、西山はMRAの教えについては、一度も私に話されたことがない。

原氏は、母こそ自分の先輩《メンター》であると本気で信じておられるらしく、次のように亡母を追憶されている。

私が「え～、ベトナムといたしましては～」という調子で通訳をしていたが、何事だと。「ベトナムがこれで最後かどうかという瀬戸際にあるときに、いい調子になって通訳するな」と言うのです。「理解者を得ようとして来日したのでしょう。説得に来たのでしょう。あなたは話す人の気持を全然意識していない。もし、その人の国を思う情熱とか、危機感が感じられないのだったら、通訳なんかやめてしまいなさい」と体を震わせて叱るのです。（『通訳ブースから見る世界』）

さらに、彼女はこう述べる。

しかしどんなに重宝されようと、比較的恵まれた収入を得ようと、通訳の仕事から「サービス精神」をとれば、それは眼の欠けた龍のようなものだという意識はつねにありました。英語ができたり、通訳の技術があるというのは通訳の一部でしかない。通訳に眼が入るような、つまり、心の入った通訳ができる通訳者を養成したいと私は強く望むようになりました（『通訳ブースから見る世界』）

原氏は、通訳しながら感動で涙声になっていることを同書で告白されている。

一九七〇年の大阪万博で、鉄砲光三郎《みつさぶろう》の河内音頭を同時通訳した時、私も義理・人情の話に弱くもらい泣きし、涙声になり、隣の女生徒にバトンタッチして、めがねを拭《ふ》いて、心を再整理《リセット》したことがある。

原氏のディプロマット（Diplomatt）は、相馬氏の滅私を重んじるMRA精神を文化的遺伝子にしている。

通訳者は中立的な態度がよい、という意見が多いのですが、私は、通訳者は話す人の気持になるべきだという考えです。スピーカーが喉をからして何かを訴えているとき、私も同じように魂を込めて通訳したい。何かおかしいことを言って聴衆をわかしているときには、私も楽しそうに通訳したい、と思っているよ。そもそも、通訳は人に聞かせる、聞いてもらうことが目的です（『通訳ブースから見る世界』）

原氏はservant leadership（奉仕に専念するリーダーシップ）という言葉がお好きなようだ。leadは「導く」。serveは「尽くす」だ。女性通訳者を率いておられる原氏は、疑うべくもなく、比類なきservant leader（サムライ・リーダー）であろう。彼女の下に馳《は》せ参じる通訳者たちは、日英に今も活躍中の、米倉氏、横山氏、横田氏そして「ハリー・ポッター」の翻訳家として一般にも広く知られた松岡佑子氏がいる。他にも、縁の下の力持ちとして、国際会議で活躍されている同時通訳者は多いが、後章では、私の体験を通じて出会った人たちを紹介させていただくにとどめておきたい。

同時通訳をディベートに結びつける小松達也

ディプロマットの原氏を裏の雄とすれば、表のそれはサイマルの小松達也氏であろう。サイマルの代表取締役の経験も長く、現在も同時通訳の仕事をされている。

外国人記者クラブでランチをとりながら、「西山千さんには、もっと側にいて学びたかった。あの方は、腰の低い人でした」と当時を懐古された。アポロの同時通訳は最初は小松氏がやることになっていたというぐらい、四〇年前からすでにプロ通訳者。そのプロが、西山さんからもっと学びたかった、とは。プロはみんな腰が低い。

「そんなに腰が低かったですかね。私はコテンパンにしごかれましたよ。鬼軍曹でしたからね。小松さんのパートナーの村松増美さんは、『松本さんをあそこまでしごいちゃ可哀相ですよ。死んじゃいますよ』とイエローカードを回されたことが何度もあったんですよ」

その時、小松氏は、私を諭すように言われた。

「それは、松本さんを自分の後釜《あとがま》に育てようという特別な感情と使命感があったからですよ」

今の小松氏の心境は、同時通訳者の地位を高めることで精一杯だという。さすがリーダーシップの立場を意識されている。いくら実力の世界とはいっても、業界には見えざるルールがあり、必ずしも個人プレーが通じるほど甘くはない、という。

「サイマルではグループリーダーシップをとっており、通訳者がクライアントと直接取引を始めれば、秩序が乱れます。指名がきても、私はできるだけ断り、仕事は仲間がグループで引き受けるよう心掛けています。個人プレーは、通訳者のプロフェッショナル・ジェラシー（職業的嫉妬《しっと》）を顕《あらわ》にさせ、価格破壊を許し、プロ通訳者が足の引っ張り合いをし、永遠に陽の当たらない業種となってしまいます。この三〇年間、プロの通訳料金が変わらないというのも、個人プレーがはびこっているからです」

今、小松氏は、秋田の国際教養大学の大学院生に同時通訳を教えられている。

小松氏の同時通訳は、日米会話学院の大井孝学院長と同じで、ロジックの流れを重視される。だからこそディベートを同時に学ぶべきだ、というロジックに繫がるのだ。

原氏は日野原重明氏との対談でこんなふうに述べられている。

要らないものをとって、通りがいい文章にして、ナレーションを述べているような、しかも非常にすんなりと、肩が凝らなくても味わいがでている、ということができたら、通訳の理想ですよね（『通訳ブースから見る世界』）

まるで、小松氏の、そして西山千の話術そのものだ。

同通業界はプロレスの世界か

英語を志した学習者が、同時通訳をもってその頂点とみなす風潮は昔からあった。

英文解釈、翻訳、通訳——そして同時通訳というように。少なくとも、筆者は、その考えで、その道に入り、西山千を師と仰いだ。しかし、だれを天下一と断定していいものか、疑問を感じるときがある。

「われこそは日本一」いや「わが師こそは日本一」と名乗り出しているプロ通訳者が多いことも事実だ。

まさにプロレスの世界。

K-1を初め、格闘技界ではいろいろな組織が勝手に大会を運営し、それぞれのチャンピオンを世に送る。三笠宮寛仁殿下が「私が尊敬する、我国ナンバー・ワンのオールマイティーな同時通訳者である事実が、その一冊の本を読むと本当に良く分かります」と、まえがきに代えて、『通訳ブースから見る世界』の著者、原氏をチャンピオンのごとく紹介する。

しかし、三笠宮親王が同時通訳の世界のすべてをお見通しされているのではあるまい。同じく現役で、オールマイティーな小松氏こそナンバーワンであると主張する流派があっても不思議ではない。私が米国大使館の西山千名人の下で、通訳官となったころは、西山千以外には、村松増美氏、國弘正雄氏という天上人が話題にのぼった。

あれからほぼ四〇年。業界の勢力地図は激変している。どうも小松氏と原氏の両雄が君臨する時代となったように思えるのだが。他にも現役で活躍しながら多くのお弟子さんたちが、同時会議の舞台裏で活動している。分野別に考えれば、ナンバーワンが他にどこにでもいるはずだ。プロ通訳者の人間模様が変わったとはいえ、三七年前に私がお会いし、一緒にブースに入った相手のプロたちは今も現役でリーダー格になっているということは驚きだ。「ハリー・ポッター」の翻訳者の松岡氏も、女忍者《くのいち》出身のプロ翻訳家だ。彼女級の実力をもつ「抜け忍」はゴロゴロいる。

そんな今でも、西山千といえば、「ああ、あのアポロの同時通訳者。同通の神様でしょう。今じゃもう雲の上の存在ですよ」と答える人が多い。同通界で師の名を知らない人はだれもいないのが現状だ。

西山千の霊魂は生きている。

カマキリは僅《わず》か半年の命。しかし、一度に数千個の卵を産み続け、この地球に誕生してから数億年近くも経っている。まるでそのスピリットは、バクテリアかウイルスのように繁殖し続けている。

魂は肉体と共に死んでも、精神は死なない。英語で the spirit moves someone（見えない力で～を動かす）という表現があるが、今の私のペンは、師のスピリットにより動かされているのだ。

戦後日本での英語

思い切って戦後に戻ろう。

たしか、日本初のNHKラジオの英語会話は、当時カムカム英語と呼ばれていた。講師の平川唯一《ただいち》氏は一九四六（昭和二一）年から一九五一（昭和二六）年三月までの五年間、NHK英語会話の講師を務め国民的ヒーローとなられた、立志伝中の人物である。

私が五歳で兵庫県の福崎近くで疎開していたころ、戦争が終わった。

暫《しばら》くして、「カムカムエヴリバディ！　ハウドゥユウアンドハウアーユー」という、軽快な「証城寺の狸囃子《たぬきばやし》」の替え歌をつくり、その拍子に乗って、英語という敵性語がラジオから流れてきた。

東京裁判が始まる少し前に、私はこのラジオ講座の英語を耳にして、複雑な気持ちになった。負けを知らなかった日本軍人、それを破った敵軍。

めちゃめちゃ強いやっちゃな——。

ガイジンどもはどんな言語使こうとるやろぅ。戦後の大阪のラジオから流れた英語。これが宇宙言語！

日本人は腹を空《す》かしていた。英語どころではない。一言も英語が話せない日本人のために、日英と英日の通訳をされたのが、ネイティヴ並みに英語が話せる西山千であった。GHQと日本政府の中にはさまれて、両言語を同じくらいの自然さで話せることは、両国、とくにアメリカにとりきわめて都合のよい存在であったはずだ。

通訳の現場

サイマルの村松増美氏によれば、通訳のプロは仕事に対する忠誠心が第一だという。特定の組織体に従属すると、アイデンティティーの問題がからみ、通訳は伸びない。米大使館専属の通訳では世界がせまくなる。たしかに同じ英日通訳といっても話者はアメリカ英語を使うアメリカ人ばかりとは限らない。そして、同組織内から仕事を貰《もら》うと、仕事の内容が限定されがちで、緊張が弛み、進歩がなくなる。最大手のサイマルはあらゆるテーマを扱っており、顧客も多様だという。これは何をいわんとしているのだろう。ひょっとしてスカウトのための打診か。いや単にコメントか。またこんな忠告もされた。余程内容をよく理解していないと通訳はできない。経済なら、過去数年の統計ぐらいは把握しておく必要があるとも教えてくださった。米大使館は別世界なのだ。

日系米人のシロー・ウエノとセン・ニシヤマは、英語を使えば、日本的な言葉や概念の陰翳《いんえい》は姿を消し、そのままアメリカ人に変わる。三人で通訳の難しさについて英語で話をした。

名人は、ブリーフィングではよく問題が起こるが、訂正されたら抵抗しないことだ、Accept the corrections.（訂正は潔く受けよ）と述べられた。稽古《けいこ》をすれば、結果が報われるが、さぼればあとでツケが回ってくる、という因果応報の論理を強調された。この哲学は、世阿弥の因果応報論と相通じる。哲学云々はさておき、使う英語はきわめて口語的で、日系米人の英語には無駄がないと感じた。名人は急にアメリカ人にシェイプ・シフト（思い通りに変身）できる。

同時通訳は、「道」か「術」か

目的とする英語と一体化する方法は、自らを捨てる（losing yourself）ことだ。西山千は、英語と日本語の両言語を同じくらい流暢《りゅうちょう》に話されるので、まるで話されている主体が存在しないようだ。パーフェクト・バイリンガルであるだけでなく、言葉のみにとどまらず、思考や発想の面でもほぼバイカルチュラルであるから驚きだ。没我こそが、自己発見への道であると、カトリックのベネディクト法王は述べるが、同じくキリスト教の信者である西山名人も、そういう懐の深いところがあった。だから、私が押し掛け女房のように名人のもとに転がり込んでも、親に甘える子をなだめ、時に叱り、指導《メンター》してくださったのであろう。

名人には妥協はなかった。通訳術という言葉を好み、最後まで通訳道という言葉は使われなかった。

> 通訳術というものは、なにか別の目的を達成するための道具です。通訳術そのものが目的ではないわけです。じょうずな通訳者になることが生活の糧《かて》になるとか、「カッコイイ」からだ、などと思ったのでは挫折してしまったり、神経衰弱にかかって失敗に終わります（西山千『通訳術』実日新書）。

術も道も芸のうち。よく似ているが、どこか温度差がある。

道具。しかし、私にとっては「武器」である。

このころ、英語学習者にとって有名なウィリアム・L・クラーク博士が『時事英語研究』誌に、語道と語術（Godo and Gojutsu）というテーマで寄稿している。「兄の英語道がアメリカ人に盗まれるのでは」と弟の篤弘から、そのコピーを手渡された。私は同時通訳の仕事に追われ、アメリカ人の見る英語道を吟味したり、ましてや批判する余裕などなかった。

今、同記事「戦後二〇年時事英語の歩み」のコピーを読み返してみると、その新鮮さに驚く。英語道の精神はしっかり押さえられている。

あらゆる日本の武芸道には、「道《ドウ》」があり、その狙いは自己の本分を平常心で、いかに果すか、そして道を踏み外さず、いかに自己を消滅させるかにある。次の英文が決まっている。

They demand abandonment of self and trust in the way of the *dō*.（自己を完全に消滅させ、「道」の精神に没頭することが求められるのだ）

この辺りは日本人でも書ける英語だが、次のくだりはネイティヴ的な発想でないと書けない。特に弓道の精神は、英語でも、いや英語だからこそ無駄なく伝えられている。

The more he *tries* to express himself through his art, the less will he exist.

tries をイタリックにしているところがネイティヴの技である。

要するに自己を滅すれば、矢が標的と一体化し、射手も標的と一如《いちによ》になる、という。英語道でも同じだ。英語をしゃべるのではなく、英語そのものと話者が一体化すれば、英語が勝手にしゃべり出すのだ。今の私の心境だ。さて『アメリカ口語教本』の著者でもあるクラーク博士は、術と道をこう分析する。

Simply stated, *dō* is a way of life, *jutsu* is a technique. *Jutsu* by its very motivation is inferior, ulterior and mercenary. *Dō* is spiritual, selfless and metaphysical.

（単純に言えば、「道」とは生き様であり、術とは一つの技量である。「道」は精神的で没我的で、形而上学《けいじじょう》に属する）ここでさらに具体例を示す。

話術の人は、

May I *practice* my English with you?

（私の英語を練習してもいいですか――あなたを稽古台にして）となり、話道の人は、

May I *speak* with you?

（お話をさせていただいてもいいでしょうか――あなたと一緒に）となる。

このイタリックの使い方と感性が、私の目指すところと近く、これなら西山名人も、賛同されるだろう。

「そうです。人間ですよね、つまるところ。言語というよりコミュニケーションそのものの中にも

『術』と『道』があるんじゃないでしょうか」と。

人から、「英語は術。道なんてダサいよ、英語道場でお山の大将になっているなんて……」と水を差されるたびに、「いや、英語道こそが、英語教育界を制覇する。それを証明するのが私の天職だ」と片意地を張って「道」を強調してきた。

精神面を優先させるのが道だと言い続けてきた私は、その証明のために術を研いできた。しかし今、私が師事しようとしている西山名人は「術」に拘泥し、「道」という言葉は使われない。尊敬し敬慕する師こそが最大の敵に回るかもしれない。いかにして私の考えを伝えたらよいのか。ありのままの私を知ってもらうべきか。かといって、「道」と「術」の差を埋めるには、言葉と行動で示さねばならぬだろう。私が望むままの形に受け取ってもらえるとは限らない。日本とアメリカの文化の違いなのだろうか。私の心の中に、つむじ風が吹き始めた。

さまざまな思案を胸に、心は千々に乱れ、悩みは深まるばかりであった。

通訳と翻訳

西山名人は、格別に「翻訳者」を意識されていた。翻訳をするプロを翻訳者と呼ぶのに、通訳をする人を通訳と呼び捨てにされることが耐えられなかったに違いない。

「この会議には、通訳が入りますか」と訊《き》けば、「通訳者と言いなさい」と叱られたこともあった。

米大使館広報文化局、ＵＳＩＳ（United States Information Service）には、大きく分けて翻訳と通訳の部門があった。名人の後釜を期待されて通訳職に就いた私にとり、翻訳部の若手のホープ富永正之氏は、少し年下のライバルであった。ＵＳＩＳの同時通訳が要求される企画では、必ず富永氏と私が動員された。

スピーカーの講演テキストが事前に配られると、富永氏は猛スピードでそのテキストを翻訳する。そのスピードの速いこと。もうすでに、頭の中で同時通訳ができている。

ところが、私は翻訳のプロではないから、テキストも通訳風に「語り言葉」を意識して、内容を把握し、「流れ」を意識し、字句に忠実な翻訳はしなかった。

スピーカーに変化があれば、私もその変化に従うので、どこか「遊び」がある。名人もその「遊び」を大切にされた。通訳者はコンピューターではない。一つの言語を他の言語に、機械的に転換するのが役目ではない。言葉で埋めてはならない空間がある。それが遊びである。翻訳者でも遊びが必要、いわんや通訳者においてをやだ。「声に表情がない」「スピーカーの顔を見て、通訳しなさい」と、即興性と非言語コミュニケーションのスキルを重んじられたのも、言葉とシンボルを繋ぐ、イメージ力を強調されていたのだ。

だから、スピーカーが予《あらかじ》め準備された原稿を棒読みすると、烈火のごとく怒る。その芸風は私が引き継いでいる。講演で同時通訳のデモンストレーションを頼まれると、「原稿を読まないでください。どちらも準備なしの方がフェアでしょう」と、事前に先方に断っておく。

しかし、ネイティヴといえども即興でまとまったスピーチのできる人はほとんどいない。実際には準備された原稿の棒読みが多いのだ。テレビ番組でやる同時通訳のほとんどは、予め翻訳されたテキストを読み上げる作業である。これでは、ブラウン管に同時通訳者として名前を出すのはいかがかと思う。

とにかく、予め受け取った原稿を棒読みする技術とスピードにおいては、プロ翻訳者には勝てない。加えて、アメリカ大使館の仕事のほとんどは、英日通訳であるから、得意の英語運用能力はあまり考慮されない。唯一の楽しみは、即興的通訳能力が証明される質疑応答の時間である。即興とサービス精神はナニワ芸人の得意とするところだ。

名人が、格別に翻訳を意識された事情《わけ》も、そして時間があれば翻訳をして、何かを世に残したいという衝動にかられていた事由《わけ》も、今にして思い起こせば分かる気がする。

一瞬で消え去ってしまう仕事をされていたためか、出版というメディアに希望を持っておられたのかもしれない。

名人はこんな言葉をよく私に発した。

「アメリカ人は、通訳者を正確な精密機械のように思っているんですよ。通訳ミスは欠陥商品として、捨ててしまうのです。翻訳をする人は翻訳家か翻訳者として大切にされるのですがね。通訳者は、おーいツーヤクと呼び捨てですからね」

正確度に関していえば、翻訳者に勝てない。そこが同時通訳者という瞬間芸人の泣きどころだ。かくして、名人も私も、通訳者であるというだけで、精密性という角度から、つねに翻訳者から監視され続けることになった。

同時通訳と逐次通訳

「逐次通訳は同時通訳と同じですよ」

これは名人の言葉だ。

話者が公衆の前でしゃべっている間、通訳者は沈黙のままメモをとっている。うなずいたり、自信あり気に笑ったりしてはならない。聴衆より、すでに情報を得ているのだという態度は尊大に映る。機械に徹するという表現はこの場合には適切である。

とにかく沈黙が、頭の中で同時通訳に没頭している闘いのまっ最中なのだ。この時に話しかけられたりすると、私は必ず怒鳴りつけます、と名人は私に語られた。

話者が話し終わると、間を取らず通訳ができるのが通訳者のプロであるが、その時にはメモはほとんど必要でないところまで、頭の中で絵が描かれている。

アマチュアは、そのメモを見せてください、と覗《のぞ》き込もうとするが、そんなメモは役に立たない。プロは自分の頭の中に思考の流れを写しとる。メモに書かれた言葉のシンボルは、あくまで蟬の抜け殻のようなものである。西山名人のメモは、怪しげなシンボルがちりばめられており、まるで宇宙言語のようだ。

同時通訳は瞬間芸

「日本というのは、古いものを捨てずに、新しいものを吸収していく、おもしろい国です……」

名人の英語を横に座っている私は追っている。名訳に酔っているばかりでなく、分析もしている。

Japan is a unique country, because…と流れるようなネイティヴ英語に化けていく。化ける。

そう、日本語と英語が化学変化しているのだ。

あとで、「『おもしろい』が『ユニーク』と訳された時はさすが名人だと思いました」と言うと、「はあ、そう訳しましたか」。瞬時の判断によるためか、事後にはもう覚えておられない。プロの通訳者は終了と同時にすべてを捨てている。

「ふつうの日本人の同時通訳者なら、interestingを使いますが……」というと、「それもいいでしょうね」と涼やかな表情で答えられる。「おもしろい」の訳がいくらあってもいいではないかというのが名人の基本的姿勢である。

しかし、interestingという言葉は、日本人の耳には「おもしろい」と入るので、こちらの方が安心して聞けるが、unique（one and only）では色調が違う。「安い」はcheapかaffordableかreasonableかcompetitiveか、TPOによって用語が変わるようなものだ。しかし、それぞれの語が持つニュアンスは当然違ってくる。

「古いもの」と「新しいもの」を同時に成り立たせることは、中国や韓国という隣国にもない日本の妙技だ。いったん日本という精神風土に根を下した外来思想は、仏教であれ、キリスト教であれ、マルクス思想であれ、多少煙たがられることはあっても、完全に排除されず、ドロドロに溶解され、理解に苦しむカタカナ英語のように日本文化に融合されてしまう。アバウトな国なのだ、日本は。

まさに他国に類をみないone and onlyの国。それゆえuniqueが適切だろう。

「うつくしい翻訳とは忠実な翻訳のこと」と言い切るチェコ出身のフランス人作家ミラン・クンデラでも、翻訳者とは、発明力（inventivite）と創造力（creativite）が要る、というから翻訳者といえどもリスクを負わねばならない。ましてや、通訳は、まさにリスキーなビジネスだ。

そのリスクは、肉体的そして精神的な破壊である。『「甘え」の構造』の著者である土居健郎氏は、私が同時通訳者ですと自己紹介したとき、枕詞抜きで、「同時通訳の人には、精神的に問題のある人が多いと聞きますが……」と、即座に答えられ相槌《あいづち》が打てなかった。「あんたに言われたくないよ（Look, who's talking?）」と、心の中で反論した。とはいうものの、土居氏の観察は、基本的には、間違っていない。私も含め、たしかにヘンな（アブノーマルな）人が多いからだ。

第二章　通訳者の心得

同時通訳の八つのポイント

同時通訳者とは、「透明人間ですよ」と西山千は語る。そこにいるのだが、いない。見えているのに、見てはいけない。いや見えない。もともとそこにいないのだから。

まるで禅の公案のようだ。

黒子《くろこ》のようなものだ、とも仰《おっしゃ》る。ウィスパリング通訳（耳元でボソボソ同時通訳する）のできるセミプロは、全国に散った私の教え子の中にも、ゴマンといる。ＩＣＥＥの有段者は全員、黒子がつとまる。

黒子とは、歌舞伎の役者の後見役や、人形浄瑠璃《じょうるり》の人形遣いが着る、黒い衣服と頭巾《ずきん》、また、それを着た人、のことだ。

明鏡国語辞典は、更に次のような解釈を加えている。

「表面に出ないで、裏で物事を処理する人のたとえにも使う。『――に徹する』」

私なりに解釈を加えると、同時通訳は忍術に酷似している。

刃の下に心を隠すのが忍の術だから、ある意味では葉隠の武士道に結びつく。スポーツマンの名人と、武道家を自任している私とは、同じ流派でありながら、こと術をめぐる解釈となると、方法論上の違いは尖鋭《せんえい》化し、衝突は避けられない。術と道というアプローチに関しては、よく正面衝突した。師と仰いではいるものの、究論《ディベート》では譲らなかった。名人が、通訳術という術にこだわるのは、「芸」の部分を強調されていたからだ。通訳者も人の道から外れてはいけないから、拠《よ》るべきルールがある。だから通訳道であっても構わないではないか、と私は論陣を張った。お互いに平行線をたどったままだった。が、それでよい。本来の究論に、勝敗はない。お互いが異論をぶっつけあっても、そこに付加価値としての音楽があればよい。ヴァイオリンにしてもそうだ。弦だけでも、弓だけでも音は出ない。

究論とは、自らを、そして相手をも高める術である。そこには武士道に通じる究論道がある。

読者の中には、そんなことはどうでもいい、すぐにプロの同時通訳者になりたいのだから、西山千の通訳術を教えてくれ、とイライラされるかたも多いと思う。月謝を払って、教室の机でノートとにらめっこしながら、コツコツと学んではいるものの、簡単に通訳者になれるわけではない。だから初心者に語りかけるように書いてくれないかという読者の声が聞こえてくるようだ。

ズバリ言おう。それは甘い。読者がアマチュアの通訳者を目指すなら、他の類書か、ハウツーものを勧めたい。またアマチュアでもプロの心を学びたい人や、真剣に通訳のプロを目指すのであれば、本書をじっくり読んでいただきたい。

まずは、次の八つのポイントだけは念頭に入れておくと、本書の流れがよりよく摑《つか》めるだろう。

1　いわんとする情報を言葉から離れてはっきり摑め

2 比喩《ひゆ》やしゃれやカタカナ英語は通訳不可能なものが多いから気をつけよ

3 発言者は明朗な絵になる文章を使え

4 一つか二つのセンテンスに区切って正確に（「ウー」とか「アー」は耳障りなので）通訳せよ

5 主語・目的語ははっきりとさせよ（通訳者は話者になり切って「I（私）」で通せ）

6 事前に通訳者は話者と打ち合わせ、できるだけ多くの資料に目を通すこと（敵、つまり話者を知ること）

7 着席位置、マイク、同時通訳設備などは、事前に打ち合わせをせよ

8 通訳は、同時か逐次か、全訳か、概訳か、テキストは確実に入手できるか、打ち合わせをすること

通訳の真髄

このていどの情報は、通訳に関する多くの本の中で網羅されていることだ。通訳の養成学校でも教えてくれる。流派もあり、方法論は多種多様だ。これらの瑣末《さまつ》なポイントを披露することが本書の目的ではない。それらを求めるのならば、西山名人の『通訳術』を読むことを勧めたい。

本書では名人の口から伝授された密教的な部分――秘伝といってもいい――に焦点を当ててみた

い。

名人と二人でコーヒーを飲みながら語り合った時間は計りしれない。そんなリラックスした状態で師匠が語られた通訳の知恵は、私のように浮気っぽい蜜蜂《みつばち》にとり花粉というよりもより栄養価の高い神酒《ネクター》になると信じる。読者を意識して書かれた書には構えがあるが、リラックスしたときは本音がでる。

「松本さん、同時通訳を教えている教室は全国にいっぱいありますが、通訳の実践の場ではほとんど役に立ちません。やはり、通訳は現場へ飛び込まないと学べません。一対一で実践に則して学ぶのが一番いいのです」

「でも先生、村松増美さんはサイマル・アカデミーの教室で同時通訳を教えていらっしゃるじゃないですか」

「いえ、村松さんも職人気質ですから、教室だけで通訳の技術が学べるなんて思っていません。とはいえ多くの生徒に基本を学ばせるには、収容する教室がなくてはなりません――ただそれだけのことです」

これが師匠の本音なのだ。このように機会に恵まれると、真実味のある言葉を拝聴することができる。

私は通訳に関するマニュアルは読まないできた。英語の学習でもＮＨＫのラジオやテレビの教科書を読むことはまったくなかった。あくまで現場主義者だからだ。ましてや、当時の私は西山千の横にいるだけで、呼吸を共にしているだけで学べる環境にいた。

一日中、英会話をする必要などない。通訳の技術論に関する専門的な講義を受けることも必要ない。ただ横にいて、雑談しているときでさえ、学ぶことにあふれていた。師匠も、同時通訳が終わったあとは、ケロッと陽気になられる。出来が悪くて落ち込んでいる私を、更に叱るということはなかった。しかし、ブースの中でのオン・ザ・ジョブ・トレーニングは厳しかった。すさまじい数の訂正メモを回される。名人は神経質で、完璧《かんぺき》主義者なのだ。

あの鬼のような形相が忘れられない。

京都でアメリカ文化センターが主催する会議が終わった、ある日のことである。京都の女子大生たちが、師匠を取り囲んだ。まるでスター並みだ。

「うちの師匠は六〇歳を越えても、若い女の子にもてるんだな」と、わが事のように嬉《うれ》しく感じた。

一人の女性が、初歩的な質問をした。

「どうすれば同時通訳ができるんですか」

こんなくだらない質問をすれば叱られるはずだが、彼女はズブの素人だから、何を聞いても許される。いつもの笑顔というより、好々爺《こうこうや》のそれだ。師匠は若い女の子には甘いなあ、と思って、横でじっと聞いていたが、その内容は、同時通訳の本質を突いたものだ。

「同時通訳なんて、簡単なもんですよ。まず一つのテーマを一時間日本語でしゃべってみることです。そして、その直後同じテーマで、次は英語で一時間しゃべってみることです。これができれば、同時通訳なんか簡単ですよ」

女子大生はキョトンとしていた。なんという「密」教的な教訓だろうか。通訳の学校へ通いなさいとか、翻訳の仕事をしなさい、多くの原書を読みなさいとか、音読をしっかりやりなさいとか、海外経験を生かしなさいとか、俗受けする「顕」教的なコメントはいっさい口にされない。それらの教訓はプロを目指す人には役立たないことは、ご本人が一番よく知っておられる。

それにしても、一つのテーマを、英語と日本語で一時間しゃべればプロになれるとは!?

この時点で、その女子大生は、プロの同時通訳者になることを断念したはずだ。師匠のスマイルは、まさに「氷の微笑」ではないか。

「止めるのは、今のうち」という辛口のコメントのようにもとれる。しかし、これでは本書の読者にも不親切になるので、私が、嚙《か》みくだいて、その女子大生に代表される入門者たちに解説を加えてみたい。

「いいですか、名人はあなたがプロになりたい気持ちを汲《く》んで、辛口のコメントをされているわけです。それがタフ・ラブ（愛のムチ）というものです。真に受けてはなりません。

だってそうじゃないですか。一つのテーマを、たとえば、龍安寺《りょうあんじ》の石庭から学ぶ『間』（ザ・マ）

について、一時間日本語でしゃべって、そのすぐあとに、同じテーマの内容を英語で一時間しゃべりなさい、といわれたって、プロのぼくだってできません。それでも挑戦してやろうという覚悟がなければ、いずれ頓挫《とんざ》することになります。かなり英語のペラペラな人でも、同時通訳のプロになるのは一万人に一人というところです。じゃ、あなたがた、京都の女子大生の全員に見込みがないかといえば必ずしもそうじゃない。根性次第です。帰国子女や、日系米人は両言語がペラペラであっても、内容は薄っぺらで見方によっちゃあなたがたより不利な立場なのかもしれませんよ。

西山師匠はよく仰っています。帰国子女は、数年間アメリカのキャンパスで学んだキャンパス・イングリッシュが本物だと勘違いしています。流行英語はすぐに消えるものです。数年後に、使えなくなるような儚《はかな》い英語表現を覚えて何になりますか。かえって危険です。日系米人は、アイデンティティーが不確かであるがために、両言語の壁にはさまれて、同時に通訳することなどできません。日系米人に囲まれている、西山師匠が仰るのですから。

あなたがたは、日本で学んだ英語を卑下してはいけません。海外経験が長いから、同時通訳がラクだというのは神話です。その証拠に、私は日本から一歩も出ずに、日本だけで英語を学んだのですから、その気迫を西山名人に買っていただいたのでしょう。そうです、師匠はあなたがたに、まず、プロになるぞ、という意気込みを期待されているのです。方法論なんかどうでもいい。師の好きな言葉は『気迫』なのです。ハングリー精神がすべてなのです」

ここまで私が「間」になって、師の代弁をしたところで、彼女が同時通訳に挑戦するとは限らない。まず、通訳を教える学校の門を叩《たた》くだろう。そして、いつか同時通訳が何であるか分かったときに、西山名人の言葉の真の意味を理解するだろう。

通訳者は語学力よりも情報力

西山名人が女子大生に与えた忠告に、「語学力」という概念は入っていない。あくまで情報力と、常識である。コモンセンスは、単に人々が共有する情報ではなく、良識《ボン・サンス》を含む知恵のことだ。気配りも資格のうちの一つだ。

たとえば逐次通訳をしているときに、「ちょっといいですか」と仲間が話しかけたりすると、いくら親しい間柄であっても氏は烈火のごとく怒る。話者がしゃべっているときは、思考を集中させて、メモをとって、内容をまとめているのが通訳者のつとめである。つまり逐次通訳といえども、心は同時通訳なのだ。沈黙しているときも、思考は集中させているから話し終わった時点で通訳をすませているのが、逐次通訳者の仕事だ。この沈黙のときも、集中を持続させているので、同じく重要なのだ。こういう「間」が読めない非常識な人は、通訳者には向かない。この集中しているときに重要なのは、情報をいかにシンボルとして捉《とら》えられているかどうかということだ。

師匠の言葉によると、同時通訳は、シンボルの交換につきる、ということだ。だから名人のメモには、言葉は少ない。奇怪なシンボルが並んでいる。本人だけが分かればいい。ところが、アマチュアの通訳者は、プロのメモを欲しがる。私も何度もせがまれたことがある。しかし、メモの取り方は、通訳者各人自らが工夫して編み出すものだ。

ただし、プロ通訳者の言葉を要約すると、パラグラフ単位で区切り、再読しやすいように、できるだけ平易な言葉を用いること、記号を用いることが好ましいという。西山名人の場合は、記号がやたらに多い。まるで宇宙人のメモだ。

いや、数学的思考に長《た》けた天才だからこそ、メモの記号はごく最小限に抑えられているのだろう。言葉の経済学といっていい。それだけ削除され大部分は、イメージ（残像）として、残しておられるのだ。

私もシンボル主義だ。そしてパラグラフを三角形で並べていく――▽▽▽というように。

これは、まずはじめに結論を述べてしまい、その理由を段階を追って説明していくことであるが、そのランクがはっきりと視覚的に捉えられるよう、このような三角形を形作るメモとなるのである。

パラグラフの切れ目――話者がこのようにしゃべってくれている間はありがたい――は、メモも改行する。このようにして、ロジックの流れを視覚的に捉える。

Ⅰ．松本道弘の文体はアクがある
　A．「私が」という「が（我）」が多い
　B．関西的にベタつくところがある
　C．飛躍が多い

Ⅱ．そういうところが私は好きだ
　A．私も関西出身だ
　B．飛躍は「笑い」と共に創造性につながる
　　1．「笑い」は人をリラックスさせる
　　2．人には「遊び」の空間が必要だ
　　3．「間」で考えさせる
　　　a．「間」は息抜きになる
　　　b．関西人のサービス精神は司馬遼太郎そのものだ

ここで決め手になるのは、聴きとり能力だ。

名人の口癖がある。You must understand first.（まずよーく理解しなさい）

同時通訳でもこうだ。内容が把握できない時は、名人はじーっと待つ。こんなに待っても大丈夫かなと周囲をハラハラさせる。しかし、いったん話の内容を把握したら、あとは、カマキリが生き物の餌に飛びつくように、絶対逃さない。ところが、同時通訳に自信のない人は待たない。

I think~と聞けば、「私、思いまするに」と先入先出法で、頭のセンテンスに食らいつこうとす

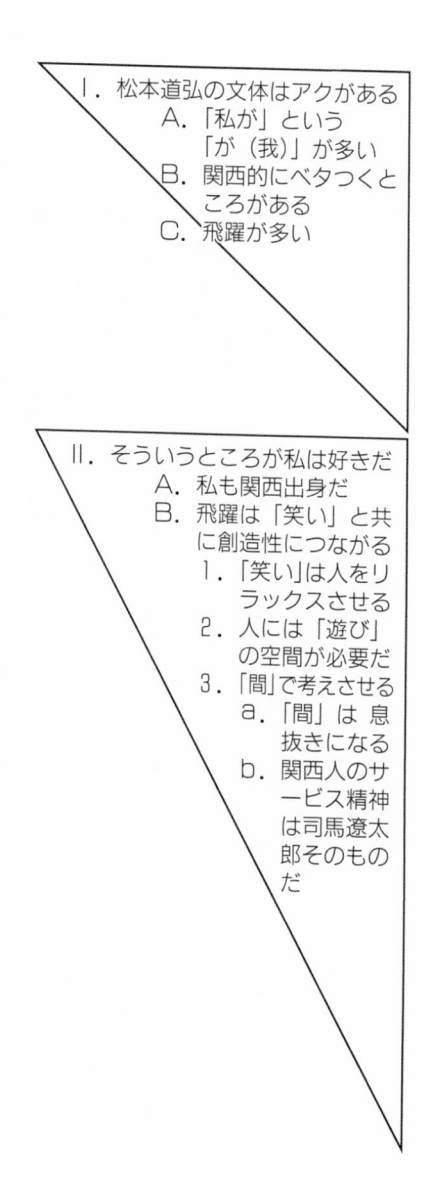

る。だから余裕がなく、思考も呼吸も乱れる。

名人は待つ。同時通訳だから、同時に始まり同時に終わるという技は華々しいが、どこかそこにまやかしがある。その点、名人は枯木の心境に没入し、世評に惑わされずじっと待つ。この西山流派に近いのが、サイマルの村松増美氏の相棒であった、小松達也氏（国際教養大学の客員教授）だ。この流派は、待つというより捨てる。私も随分、影響を受けた。とくに、小松氏の同時通訳スタイルは、速読のエッセンスをそのまま同通に活《い》かしておられるから、無駄がない。

枝を切り落としても、幹を残すというのはディベートに不可欠な速読の基本である。今も、小松氏と大学でしょっちゅう顔を合わすが、速読とディベート論では、いつも意気投合する。

初めて私が小松氏を意識したのは、氏が浅野輔《たすく》教授（国際商科大学）とあの早口の未来学者ハーマン・カーンのスピーチを同時通訳されているのをイアホーンで耳にしたときだ。あの早口で聴きとりにくい発音の英語を苦労なく聴きとり、淡々と同時通訳されていた。

最近、小松氏に訊《き》いた。「あのスピードの英語を同時通訳されるなんて。ぼくはハーマン・カーンの側近の人に言ったことがあります。あの人の早口にはついていけない、一分間に数百語のスピードでしゃべっているからアメリカの大学のディベーター並みだ、というと、一分間に数百枚のチャートを読みとるスピードで聴きとれないとついていけないと、と逆に諭されました。そのスピード英語を小松さんが……」と誘い水を向けたところ、「いや実は、ぼくもすべて聴きとれたわけではありません。それを想定して、彼が書いた本は、片っぱしから、読みましたよ。内容さえ摑めば、同時通訳は簡単です。すべてを訳す必要はないのです」と。

私が「オバマの本棚」企画で、オバマ関連の本を五〇冊近く原書で読んだのも、速読による情報収集量がオバマ思考を解読するのに役に立つからだ。小松氏は英語のスピーキングを楽しまれるタイプではない。あくまで内容一本に絞って通訳されるクールなプロ通訳者だ。

西山師匠が評価されていた理由がよく分かる。そして小松さんの方でも、「西山さんが健在なときにもっと教えを乞うべきだった」と悔やんでおられた。

プロはプロが分かるのだ。It takes one to know one. なのだ。

その点、私は果報者だ。あの人間国宝級の名人と、同じブースの中で闘い、コーヒーショップで歓談をさせていただいたのだから。会話の中には、ディベート（究論）が含まれる。速読の名人は、情報収集に関しては、きわめて貪欲《どんよく》であった。ディベートを情報収集の一環として、私を論戦相手にされたことは、好奇心が命である、プロ同時通訳者の面目躍如たるものを感じさせる。

「勝海舟と西郷隆盛との対談は、腹芸によるものといわれていますが、江藤淳さんは、ちがう、あれはパークスや山岡鉄舟がすでに情報を把握していたから、江戸開城はすでに、頭脳の段階で決まっていたというのですが……」

明らかに、私の説に異論を唱えておられる。

「いや、そうではありません。腹芸の腹のなかには、情報が含まれているのです。表の情報《インフォメーション》と裏の情報《インテリジェンス》を使い分けていますし、この情報把握を怠れば、判断は狂います。腹芸は無策無謀であってはいけません。敵側の情勢をしっかり把握したうえで、勝負に出る。それこそ、胆略《たんりゃく》――スタマック・ストラテジー――です。私は江藤さんの説に反対です」

フムフムと聞いておられた、名人は、ときに私に難問をふっかけることで、情報を膨らませておられた。対立により、音楽という付加価値が生まれることを識《し》っておられた。宇宙科学の分野で知られた博識なメディア人間、カール・セーガンも、ディベートを武器に情報を膨らませた。もしこの究論《ディベート》の道が真実（音楽）を生み出すと心底より信じていたら、あの当時から師弟共々、両翅をこすりあわせて音楽を奏でるスズムシ・メソードを実践していたことになる。

亡くなる前に、お会いしたときにも、「アメリカ大使館で、よく松本さんとディベートをしましたね」と懐かしそうに語っておられた。

同時通訳者に不可欠な情報収集のためには、面子《メンツ》を捨てる。議論マイナス面子プラス品格（ルールを含め）イコールがディベートなのだ。西山千は、小松氏と同じように、速読とディベートを大切にされていた。

通訳者になぜ、速読とディベートが必要か。それは言語より情報だ。通訳者という忍者が、表の社会のサムライと対等に闘うには、サムライ以上のインテリジェンスという知的な武器が要る。インテリジェンスには知性以外に裏の情報という意味がある。語られた情報を陰で動かすマグマのようなエネルギーがインテリジェンスなのだ。その裏の情報をしっかり摑んでおくことが肝腎《かんじん》だ。それが問題意識というものだろう。

同時通訳者は、師匠がいうように透明人間だ。表の人間には見えない。しかし、裏の人間から、表の人間は見える。見えるようでなければ、プロとはいえない。表の人間以上の情報力を誇りながら、それを誇示することが許されない。表の人間のプライドを pride と訳せば、透明人間たる同時通訳者のそれは、同じプライドという言葉を使っても、英語では、self-esteem（自尊心）か self-worth（自己真価）となる。プライドは学歴と同じように「攻め」に使えるが、セルフ・エスティームはあくまで「守り」のためにある。プライドが太刀とすれば、セルフ・エスティームは切腹のときに用いる脇差のようなものだ。

通訳者に必要な英語力

これまで情報力に力点を置いてきた。もし情報一本に絞るなら、訳された本を日本語で読むことだってできる。母語でインプットするのだから、苦労しながら原書で得た情報量をはるかに上回るのは自明の理である。あえて英語なんか使わなくてもいい、だれかに通訳をさせるのだ。こんな人に限って通訳者は機械なんだから、中身だけに気を配ればそれでいいという人が多い。私もかつてはそういう人間だった。しかしそんな語学力を軽視するタイプの人間には、裏返しのコンプレックスゆえか、どこか人を見下すところがあり、機械からも裏切られることが多い。裸の王様——そう、苦労せず有名人になった日本人に多い。本人は国際派のつもりでいるが、通訳者という透明人間には、けばいピーコック（くじゃく人間）のように映る。外国人とペラペラとわたりあっているが、コミュニケートできていないエセ国際人を多く見てきた。しかし、哀しいことに、通訳者は透明人間であるがゆえに、そのような忠告を与えることができない。通訳者が守るべき不文律というものである。黒子は自己主張が許されないのだ。

「日本人は原理原則を好まないのですよ」というつもりで Japanese have no principles. と透明人間の前でいっている、ある大学教授がいた。

これでは「日本人はことごとく節操がない（un-principled)」に解釈される。

non-principled であれば、原則という概念そのものが存在しないことになり、さほどの驚愕《きょうがく》を聞き手に与えない。しかし、道徳支柱《プリンシプル》が欠如しており、節操がない、という印象を与えると、外国人の相手を当惑させる。

この教授は自分の国の恥をそこまで晒《さら》していいのか。もちろん、そんなつもりで言ったのではないことは黒子だって十分承知している。ただ、これほど学識のある教授を、裸の王様にしているのは、聞くにしのびない。透明人間である通訳者に任せればいいだけなのだ。

この問題発言がニューズウィークの見出しになり、それが『毎日デイリーニュース』でも大きく取り上げられた。なぜ、通訳者を通さなかったか。側にいて歯がゆく感じることが何度もあった。忠告すら許されない透明人間とは、淋《さび》しい存在だなあとつくづく思う。この件につき、名人にコメントを求めたことがある。よくある話とみえて、淡々と次のように答えた。「インタビューの時点で、テープを預かるか、トランスクリプションを見せるよう、予《あらかじ》め、そのジャーナリストと交渉すべきであった」と。

とにかく一流大学の教授がこのていどの（通訳を必要とする）英語力だから、国際舞台で発言する人はよほど早期から正しい英語を学んでおく必要がある。

国際教養大学の中嶋嶺雄《なかじまみねお》学長は、二〇〇八年一〇月二五日の朝日新聞夕刊ｂｅで次のように語っておられる。

……いまや国際語ないし普遍語となっている英語をツール（道具）にすれば、ＩＴの進化もあって、東アジア地域はもとより、全地球規模でも即座にコミュニケーションが可能になる。このような現実を考えると、グローバルな言語としての英語のポジションはもはや争う余地がないのであって、国民の英語力がＧＤＰ（国内総生産）などの数値と並んで、国内の比較指標

となる時期がやがてくるだろう

続けて、氏は次のような理由から、スズキ・メソードを才能教育、そして早期英語教育の一環として勧めておられる。

その核心は、頭脳の柔らかい幼児のうちからクラシック音楽を耳から聴いて覚え、繰り返し練習することにある

この個所を読めば、英語のリスニングで苦労した私は暗くなる。そして、幼少時代からバイリンガルの西山名人に嫉妬《しっと》らしきものを覚える。

名人は言う、「私だって六歳まで、英語がしゃべれなかったんですよ」と。しかし、これでは私は二〇歳までしゃべれなかったのだと、突っ込みを入れたくなる。

プロの同時通訳者になるためには、まず英語の耳を鍛えることが先決であることは、常識である。私は英語耳を鍛えるうえで苦労した。師匠の友人であるソニーの故・井深大氏も、中嶋嶺雄氏と懇意で、スズキ・メソードの信奉者である。かつて、井深氏から私に電話があった。ソニーが開発している三秒英語の製作に知恵を貸してほしいという申し出だ。米大使館から、私の師匠の西山千を

引っこ抜いておきながら、何と勝手な申し出なのだろう。三顧の礼を尽くし、師匠を顧問格として迎えた以上、私じゃなくて、西山名人にまず相談を持ちかけるのが筋ではないか。その旨の疑問をオブラートに包んで、真意を問うた。「いや西山君は、英語で苦労されていない。あんた（私）は、英語の聴きとりで苦労されたから、親近感を覚える」と言われた。たしかに、師匠の英語感覚とリズムは抜群で、ふつうのアメリカ人以上の格調の高い英語を話されるから、まさに高嶺《たかね》の花――。アメリカの大学時代でも、英語に関してはクラスでトップにまで登りつめた、というから、並大抵の努力ではなかったはずだ。

名人が苦労されたのは、日本語だ。どれだけ必死の思いで広辞苑とにらめっこして、日本語のボキャビルに奮闘されたことか。しかし、うつくしい日本語を話される名人とはいえ、語られた日本語には不確かなところがある。

バスの中の老婦人が深々と頭を下げられた、という例のくだりの「深々《ふかぶか》」が、シンシンと発音された。NHKのテレビ番組でもそう発言されたが、この点にひっかかった視聴者はだれもいない。あまり流暢《りゅうちょう》な日本語なので、発言にまで気が向かなかったのだろう。私にはピンときた。「先生、シンシンとおじぎされたんじゃなくて、ふかぶかですよ」と言えば、「ああ、松本さんは、関西の人だから、東京の人と発音が違うんですよ」と答えられた。いえ、東京でもふかぶかです、とまでは反論しなかった。それ以上、師匠に歯向かうことはできない。いや歯向かうべきだったたかも——。

あきらかに、「深々」を眼から学ばれたので、音読みと訓読みを混同されたのであろう。また「日本人は林間学校があります」と聞いて、In Japan, we have a Lincoln school. と訳しちゃいましたよと、自虐的に語られるが、大阪人ならサムゥーといって笑わないだろう。林間がアブラハム・リンカーンのリンカンに結びつくなど考えられない。

ところが、こと英語のリズムになると、師匠のネイティヴ英語の足元にも及ばない。

ここにペンギンから出版された『Japan-Think/Ameri-Think』(Robert J. Collins) というおもしろい本がある。名人と私との思考上のベクトルがどう嚙み合わなかったのか、その理由がはっきり分かるような気がする。

次の個所を読んで、英語では師匠に勝てないと思った。

When are you going to open the rice market to American producers?（いつ、日本は米市場をアメリカの生産者に開放するのか）

という質問がなされたとする。

その答えは活字にして、目にすれば同じだが、音を耳にした時に、内容は変わってくる。

五種類の解答のアクセントに注目して、同時通訳すればどうなるだろうか。

1 We are still studying the issue.
2 We are still studying the issue.
3 We are still studying the issue.
4 We are still studying the issue.
5 We are still studying the issue.
6 We are still studying the issue.

このニュアンスの違いの分かる、同時通訳者といえば、私の師、西山千名人しかいないのではないかと思う。

とにかく、師匠のカマキリ流を引き継いだ私としては、気になるところだ。ロバート・J・コリンズの解釈を下敷きにして、私流の同通を試みてみたい。

1 ゆるされるなら、開放はしたくないのですが……
2 いやー、そういわれても困りますね、とにかくこの問題は根が深いものですから……
3 今、まだ検討中ですから、もう少し時間をいただかないと……
4 ちょっと待ってくださいよ。じっくり検討もせず回答は出せません

5　総論は賛成しているのですが、あとは各論を煮つめるだけです

6　まだ話題にもなっていない段階だから、ゴーサインを出すわけにはいきません

アメリカからの提案に対し、同じ英語でもちょっとアクセントを変えただけで、日本側の微妙なニュアンスの違いを伝えることができる。これができるのは、西山名人級のプロ通訳者でなくてはならない。単なる英語の達人ではなく、コミュニケーションの達人でなくては、国際舞台に立たせたくない。

名人の師匠であるエドウィン・O・ライシャワー元駐日米大使は、『The Japanese Today』(Tuttle) の中で、日米間の同時通訳はほぼ不可能であることを次のような表現で強調されておられる。

Such blunders are now rare, and some interpreters are even proficient at simultaneous translation (doji tsuyaku), which is almost miraculous feat between Japanese and English because of the radical differences in syntax between the two.

(そのような通訳者のミスによる惨事は、今ではめったにない。そして同時通訳まで器用にこなす通訳者までが登場している。日本語と英語という両言語の、途方もなく隔たった構造上の相違を考えれば、同時通訳ができるとは、奇蹟《きせき》に近い。)（拙訳）

同時通訳は奇蹟に近いとは、名人が尊敬する師匠のライシャワーの言葉だ。このあたりの事情は、

師匠からも何度も直接伺ったが、ご両人の間にこんな会話が交わされた。

「セン、ぼつぼつ君も、同時通訳をやってみたらどうかね」

「いやいや、大使だって仰《おっしゃ》っていたじゃないですか。日本語と英語では語順もあべこべで、同時通訳なんかできっこないと……」

「いや、君の実力なら……」

「じゃ、トライしてみますか、大使」

こんな話の流れに沿って、思い切って、余興のつもりで同時通訳をしたら、うまくいったということだ。名人はミラクル・ワーカーであった。

西山千を日本の神話時代に戻すと、同時通訳業界ではイザナギノミコトで、相馬雪香女史はイザナミノミコトにあたる。どちらが先かというよりも、私の調べによると、お二人はほぼ同時に始められたので、二人が揃ってパイオニアということになりはしないか。セン、同時通訳に挑戦しろ、と命ぜられ、ハイといって初めて同時通訳に切り替えたときは、たしか三七、八歳の時だったと私に何度か語られた。それまで、逐次通訳が中心であったはずだ。

逐次通訳は、リテンション（記憶力、いや保留力か）が要だといわれている。だから、正確度も評価の対象となるので、ある意味では、同時通訳よりもつらいのだという通訳者が多い。その正確度も、情報力の裏付けがないと、すぐに化けの皮がはがれてしまう。英語力の問題ではない、と前述したが、情報力だけでもない。肝要なのは、情報力のある英語力である。今、発信力が求められているが、通訳者に求められている英語力とは、まず受信能力ではないだろうか。一を聞いて十を知る。その語感は多読と多聴から生まれる。よくいえば、幼少の頃から英語を読み書きし、聴き、話せる環境に育つことが必要である。そのような環境に恵まれなかった私が受けた苦労は、これからの通訳者には味わわせたくない。英語の語感とは、音感のことでもある。英語を音楽と考えれば、やはり耳から始めるべきであろう。

だから、今ごろになって、スズキ・メソードが気になり、英語道と音楽を結びつける、英語の音《おと》霊《だま》論に着手し始めた。英語の耳だけは、幼少のころに鍛えておいた方がいい。ソニーの故・井深大氏や、聴きとりに苦労した私が西山千名人に憧《あこが》れるのも、氏の幼少のころから鍛え上げられた英語耳と、それに裏打ちされた英語インプット能力ではなかったか。通訳力は情報量《インプット》で決まるのだ。

メモの取り方

今はなき日本通訳協会による「通訳」のテープで久しぶりに名人の声を聞いて懐かしく、一緒に過ごした日々が昨日のように思い出された。とくに金山宣夫氏とのメモの取り方の話し合いが全巻を通じて一番楽しかった。二人の呼吸が合っている。

たかがメモ、されどメモ。

このメモで通訳者――とくに逐次通訳者は通訳をする。西山名人は、文章にすれば三ページになる内容でも一枚のスケッチにすればまとまるから、メモとは絵であるべきだと仰る。速記も一枚の絵にはかなうまい。金山氏も同時通訳のプロであっただけに、メモを地図だと位置づけておられ、ご両人は大いに盛り上がっておられた。

名人は「嬉しい」を♡で表すなど絵心がおありなのだ。要するにメモとは、内容の図画であり、地図なのだ。あとから会話の一部始終を教えてくれといわれるため、師は必死にその会話を思い出し、通訳用のメモに書き改め、再現することで、難題に答えることができたので、通訳者のメモの取り方は、retention（保留力・記憶力）が要求されるあらゆる仕事で役立つと述べられている。ディベートの技法と図解思考もメモ取りが基本だ。この図解的メモ技術があれば、フィールドワークの記録、そのほかあらゆる分野で、きっと再現に役立つという確信がある。

英語学者たちは、足の筋肉の部分に気をとられ、見えない関節の部分を見失いがちだ。情緒を瞬時に捉えるのは、感触が教えてくれる方向性であって、関節がそれに直結している。コミュニケーションのための言語を習得する上で、やや軽視されるのは、英文法のつながりの継ぎ目 (joints) であって、孤立したままの単語は、まさに死に体に過ぎない。語彙《ごい》がいくら豊富であっても、それは点であって、それらが繋《つな》がって線になり、その流れがイメージできなければ、通訳はできない。カマキリのスピードを支えているのは「節」だ。関節と関節の動きをイメージすれば、筋肉（内容）は、それに従ってくる。

アマチュアは抜け殻のシンボルを追うが、プロは思考という生き物の流れをイメージする。言葉自体にはとらわれない。あくまでシンボルとしての言葉を文章へ変換していく。一つひとつの単語の奥にある文化的背景や、発言者の言葉の使い方を直感的に踏まえて、イメージを追っていくのだ。

イメージが摑めないときは悲劇だ。

来日直後のアメリカの高官が記者会見で、のっけからこんな口語英語を使った。

I'm a new kid on the block, shoot.

私の相棒が絶句——重々しい沈黙が流れた。

英日はパートナーが引き受けることになっていたから、冷汗をかいたはずだ——いや胃がキリリと痛んだはずだ。瞬間芸だからつらい。

私が担当であっても、しどろもどろであっただろう。

この沈黙がたしか『タイム誌』のゴシップ欄で報じられた。アメリカ大使館のプロ通訳者が、冒頭のあいさつが訳せなかったことが、それほど大事件なのか。

ふと、あの時、西山名人がいてくれたらなあ、と思った。名人なら、さらーっと、こんなふうに訳されるだろう。

「まったくの新参者でして、ご遠慮なく、ご質問ください——でもお手柔らかに……」と、まるでご自身がスピーカーになり切って頭《こうべ》を垂れて笑いながら、さりげなく話されるだろう。

場が読めるプロになるには、いろいろな他流試合が必要だ。a new kid（土地に不慣れな流れ者ですから）Shoot!（質問をどうぞ）を「いじめていただいてけっこうですので」と化学変化させるのは名人芸だ。名人がプロレスラーなら、われわれ二人はまだ駆け出しのアマレスラーといったところだ。

さまざまな名人たちの通訳に学ぶ

館外の通訳者との仕事も大いに役立った。大井孝氏は日米会話学院で五、六年同時通訳を教えてこられたプロだけに、英日の冴《さ》えは小松達也氏並みで、どちらも「流れ」を重視する流派だ。やはりプロとは恐ろしい存在だ。使う日本語にとらわれず、話されている英語にとらわれず、内容だけはしっかり摑み、よけいな言葉を慎み、沈黙を恐れず、同時通訳されている。「言葉を訳さず、ロジックを訳せ」との忠告を受けたことがある。

フリーランス通訳者のS氏からは、生き馬の目を抜く同時通訳の世界で、プロはどうあるべきかを教わった。

「同時通訳の世界は、食うか食われるかの世界。私は何回も突き落とされて這《は》い上がってきたので、この世界の醜さは知っていますが、関西のような甘いところから来た松本さんは苦労されるでしょう」

「ブースに入ると、隣の人はすべて敵。勝つか負けるかのいずれか」

「プロ同士では、足の引っぱり合いをするので、必ず裏で悪口を言われる。逆に仮想敵の足を引っぱる位のパワーが必要です。この業界に長くいると魂がよごれ人間がきたなくなる」

「アメリカ大使館は陰湿なところがある。英語さえできれば、たとえ創造力がなくても出世できる。しかし、あなたのプログラム・サービスは一番損なポジションです。とにかく通訳の評価は低いのですから。通訳以外のセクションへ移ることを勧めます」

「マスコミ受けする西山千氏は日本全国ではアイドルだが、業界での人間的評価はいまいち（これもプロフェッショナル・ジェラシーであろう。同業者は足を引っぱるもの）」

「通訳は男の仕事ではない。早く通訳に見切りをつけて自分の道をお見つけになることを勧めます」

これまで、男性通訳者からの「通訳は女性の仕事」といった意見ばかりを聞いてきたが、その中でもプロ中のプロである女性通訳者から、こう切り出されると決心がぐらついた。

とはいえ、通訳にはさまざまな気質の人間がいる。学習方法も、実際の方法も違う。多くの先達のみならず、後進にさえも学ぶ機会はあるはずだ。

通訳者であることの意義を十分に意識して、より高質な通訳をすることをつねに考えることは重要である。

同時通訳は女の世界

原不二子氏率いるディプロマットに集まった、同時通訳のプロ、セミプロたちを対象とした授業の参観を許されたことがあった。

一〇名そこそこの少人数クラスであったが、全員同時通訳のスキルを備えた恐るべき生徒たちのパワーに驚いた。大阪でインター・オーサカのチーフインストラクターであったころの授業風景を思い出し、コメントを加えさせていただいた。

原氏からは、ディベートを教えてやってほしいの、という依頼を受けていたが、同時通訳者にとって大切なのは、発声（発音法）だというコメントしか与えることができなかった。

原氏の夫君、マーチン・ブレーカー氏も「通訳よりまず、思考訓練が大切だ。自分の頭で考えることがなくて、人の頭の代弁ができるだろうか」という問いを投げかける。

この原氏はプロ同時通訳者にもディベート思考が必要だといわれる。通訳はただ学んだ言葉の置き換えだけではない。インプットされた情報を、聴きとり、理解し、通訳するというプロセスの中で、「整理」という作業が避けられるからである。逐次通訳の場合は、リテンションが不可欠で、整理の間に決断思考（critical thinking）が加わる。

肯定的なのか否定的なのか、論理の流れを瞬時に捉え、うまく整理するディベート思考が要なのだ。

新崎隆子氏（ＮＨＫ専属同時通訳者）は、神戸大ＥＳＳ出身で、ディベート界の女王といわれた。彼女をインタビューした際に、同時通訳のための準備をしていると、資料集め、分析が大量となり、ディベートの試合をしたころを思い出しますと語っていた。

敵を知る。論敵の「思考の地図」を盗むこと。ディベートで論敵チームの作戦が図解できるところまで準備しなければ、作戦が成り立たず、合戦で勝利を得ることはできない。どうも、通訳界は女性のプロに占められており、まさにくノ一の世界という風景だ。

ディプロマットの授業のあと、女生徒たちだけで新年会をやろうというと、六、七名集まってきた。伝説的な人物である西山千の二代目だという威光を感じたのか、物見遊山と決め込んだ生徒たちもいたかもしれない。神話として。それだけでいい。師匠の偉績がまだ忘れられていないことを知ったことだけで満足だ。

いろいろな話題に花が開いた。

「たしかこの業界の九〇パーセント以上は女性ですね。適性でしょうか。男性の通訳者たちの中にはホモが多いということを聞きました」。周囲のだれもが笑わなかったからかなり人口に膾炙《かいしゃ》しているのだろう。しかし紘道館《こうどうかん》の私の部下の一人である松井健治君（プロ通訳者）は「それは多分、女性による偏見でしょうが、男性通訳者の中に先生のような武闘家はいないことはたしかです」という。私の部下で名古屋のローカルＩＣＥＥ検定試験でチャンピオンになった、横山和之君もネイティヴ並に英語が話せるプロの通訳者だ。まだまだ男のプロはいるはずだ。

たしかに、空間認知力は男に劣るが、言語力においては女性の方が優っており、外国人の通訳者――とくに男性――には同性愛者が多いことはよく耳にする。日本の外国語大学は圧倒的に女性の天下である、だからこそ、逆に男の得意とするディベート（言葉よりロジック）訓練が必要なのだろう。

「ブースの中でのコミュニケーションの良し悪しで、会議通訳の結果が決まるので、いつも緊張します。関西出身の人は、ブースの中でも闘うのでやりにくい」

ブースメイトとの相性（chemistry）はきわめて重要。メモを回さない人、回し過ぎる人、困っているのに助けない人、いつもピリピリしている人、マイクを握ったら手離さない人。いかに同時通訳技術に長けた人であっても、呼吸が合わなかった相手は思い出したくない。斎藤美津子氏（国際基督教大学教授）は、ブース内のコミュニケーションの大切さを、なんども強調されていた。同教授の教え子の一人であったサイマルの横山紘子《ひろこ》氏が、そのことを証明してくれた。

気になるのは、数は少ないが関西系のプロ通訳者にアクの強いプロが多いという事実だ。地域性に加えて、マスメディアが集中する関東に比べ絶対的に不利であるという、焦りによることが多い。この焦りがオーバーコンペンセイションを生む。心理学用語で言う「過剰補償（パーソナリティーのある弱点を補うために他の特性を極度に発達させようと努力すること）」だ。

私の中にも、「口コミの大阪で育ったワシが、マスコミで食うてる東京人に負けてたまるか」というナニワのド根性がある。だから余計に東京人をライバル視し、大阪出身の仲間とは距離を置いたこともあった。大阪人と会ったら、大阪弁に戻るので、「なぜ」が「なんでやねん」と油断して口走ると、せっかく蓄積した標準語が崩れてしまうのだ。そういう警戒心が、大阪人を避け、率先して東京人に近付こうと努めさせた。病理的というより不自然な行動だが、それをある人は、大阪人のアクとみる。だから、どちらにころんでもオーバーコンペンセイション。

女が三人集まれば姦《かしま》しいという。この新年会に集まった六人くらいのくノ一も姦しかった。しかも日本酒が回ったからもっと賑《にぎ》やかになった。これ以上の状況はペンで表すことはできないほどである。ペンを持つプロライターも、通訳者倫理があるように、「掟《おきて》」という不文律から逃げられない。

特定の人間を「闇討ち」することなど、絶対に許されない。男の通訳者はホモが多いという噂があると述べるぐらいでとどめておくのが、せめてものサービス精神だろう。男性通訳者の中で、ホモが多いのかどうかは未証明だが、女性通訳者が集まると、そういう話題が出る、ということは事実だ。ディプロマットのくノ一集団を率いる、原不二子氏という棟梁《とうりょう》も、通訳倫理には一家言をもつ御仁だ。日本通訳協会が破綻《はたん》した話題に移ったときも、「通訳の世界は実力の世界よ。検定試験など要りません。カード・キャリング・メンバーなんて無意味。プラスチック・カードをもって、私たちはプロですから雇って下さいって言っても、相手にされないでしょう。この世界は実力の世界よ」と手きびしい。プロ通訳者とクライアントとの間は「相対取引」であるべきだという原氏は、まさしく戦国時代に生きる女サムライだ。「守護霊が平将門なのだから、恐ろしいものはありません」とまで言い切る。

原氏の母上の相馬雪香氏は、「自分の母のテオドラから英語で、父の尾崎行雄からは日本語で育てられました。そしてふたりからダブルで叩《たた》きこまれたものは、強烈な自主独立の精神でした。母は『自分で決める』、『自分で考える』ということをふたりから教えられていました」（『通訳ブースから見る世界』）と回顧されている。

「自分で考える」という、ディベート思考と、尾崎行雄とテオドラ英子の反骨の精神が、原氏を、今の不動の地位まで押し上げたのであろう。バイリンガルの原氏と話をしていると、「西から来た魔女」ではないかとふと感じてしまう。あるいは、道元禅師が死ぬまで失わなかった、権力への警戒心、そして権力と闘う不動明王の怒りの形相を彷彿《ほうふつ》させる。

難訳語

まったく違った文化的背景を持った言語を別の言語に置き換えることは、すでに多くのリスクを含んでいる。当然、難訳語も多い。

難訳語の一つに integrity がある。

あらゆる要素（elements）をくっつける（integrate）ことにより、完成品（integrity）を創るといえば、ジグソーパズルのようなものをイメージしてしまう。バラバラな要素をジグソーのピースとしてうまく繋げる、つまり piece（put）together してみるとジグソーが生まれる。それぞれの部分は欠かせない構成要素（integral parts）である。一つ欠けても完全品といえない。

a person of integrity といえば、完全無比な人物のこと、平たくいえば（人間の）できた人のことだ。

ところが、journalistic integrity となれば、ジャーナリスト魂、となる。完結性（integrity）が時には、魂、または歴史的一貫性とか伝統《ミチ》に化ける。私は、「和」をインテグリティーと訳す時もある。

英和辞典だけでは英語の化けるプロセスは分からない。

名人は、よく辞書を使われた。広辞苑と Fowler の Dictionary of Modern English Usage や、Evans の Dictionary of Contemporary American Usage を愛用されていた。これらの英英辞典で、英語のシンボルや語源を確かめられていたのではないかと思う。英語は英語のシンボルで、日本語は日本語のシンボルで捉えるために、広辞苑を用いるという西山流派を私は今も引き継いでいる。

通訳は、外国語が話せればできるものではないのだ。

名人は、英語で話をする時と、日本語で話す時は、頭のスイッチを切り換えられたようだ。とくに笑いの時はそうである。では同時通訳の時はどうするのか。日系米人でもできない同時通訳の時はどんな頭脳の回路を使われるのであろうか。

その時は、お互いのシンボルの流れを瞬間にイメージし、両言語のイメージを融合されるのだ。こんなことをいえば、ある人は憤慨されるかもしれませんが、といえば、フツウの同時のプロなら、If I said～, some people might get angry. と訳すだろうが、名人のイメージ感覚からすれば、at the risk of offending some people…と日本人にとり、難訳語の risk が自然に、口からほとばしり出るのだ。

異言語の化学的結合、これが物理的結合を重んじる他業者の教えとは決定的に違う。物理的結合とは、水と油のようにそれぞれの言語が融け合わないまま融合していることを指す。

しかし化学的結合では、酸素と水素のように混じり合っている状態で両者を切り離すことはできない。科学的に両文化をイメージ統合される名人は integrity をどう説明されるか。

名人は、私の前で両手をさりげなくひろげられる。

「いいですか。インテグリティー（integrity）とは、この人がここで言ったことと、その後に別の場所で言ったことが一致していることです」

なるほど、明快である。

「時と場所が変わればコロコロと意見が変わる変節漢は、integrity を欠き、信用されませんね」

以前、記者からの質問で、「ライシャワー大使。あなたはもと学者であった。アメリカのベトナムへの介入に関し、学者としての意見を聞きたい」というものがあったが、業を煮やした大使は、「私を嘘つきというのか」と激怒されたらしい。

大使の怒りはごもっともということになる。彼の大使としての integrity（節操）が疑われたからである。

しかし、日本の文化防衛論という立場に立つ國弘正雄氏は、そうは見ない。「やはりアメリカの植民地シンドロームでしょうかね。日本人の状況倫理というのを完全に理解されていないのでは」と。

たしかに、日本人のタテマエとホンネというのは状況的に判断されるべきで、大使という仮面《タテマエ》とは反対の直面《ホンネ》の声も聞きたくなるのは人情であろう。あまり品位のある質問とは言えないが、少なくともジャーナリストとしての気概が感じられる。とにかくこの質問が大使を侮辱したかどうかは藪《やぶ》の中（debatable）である。

西山名人は、レッスンだけではなく、悪夢の職場を離れても、ラジオ、テレビの報道を耳にしながら、つねに同時通訳の訓練が続いているのですよ、とも言われた。ええ？　二四時間、行住坐臥《ぎょうじゅうざが》、同時通訳ってことですか、息抜きはないのですか、と人は問うだろう。しかし、そんな反論ができる余裕などない。「タイム誌」を隅から隅まで読めば、その情報だけで同時通訳は楽になると、アメリカ大使館の日系米人の上司から、辛口のコメントを頂いた。続けよ、という。これが「行」となり、今も続いている。すべて自己との挑戦なのだ。再び、名人の口癖。

「理解せずに、訳してはいけません。同時通訳者でも、“You must understand first.” これを忘れてはいけません。理解できるまで待ちなさい」

パーフェクトとは何か。そんなものを同時通訳者に期待していいものか。完璧な通訳とは、すべての事柄を卵だとして、カゴという意識の流れの中に移し替えることなのだ。卵に集中すれば、カゴが見えなくなり、カゴのイメージに重点を置けば、何個かの卵を落としてしまう。同時通訳者の悩みはここにある。「流れ」と捉えたイメージを重視すれば、通訳し始めるタイミングの差は、大した問題ではない。

第三章　同時通訳者になる

同時通訳者になる

私が同時通訳者になるまでの経緯は、これから目指そうとする人たちにはあまり役に立たないかもしれないが、一つのケースとして知っておいてもらおう。

西山千と出会う前から私は、関西の英語界ではそれなりの実績と知名度を保っていた。ただ、同時通訳を意識し始めたころから、ひと月ほど山にこもって自分を見直す機会をもった。人生の節目は山で断食することにしている。下山した私を、一枚のハガキが待っていた。インター・オーサカの小谷泰造氏という未知の人からの、会社の設立案内である。関西一の英語の使い手、ジョージ・井関（井関雄二）に紹介され、一度私に会いたいという。いったい何が起こったのだ。

小谷氏と会って事情を知る。同時通訳業界は関東と関西が二つに分かれ、東京のサイマル王国が同業界の全国制覇を企み、西日本へ進出しようとしているが、関西は財界をバックにして食い止めたいという意向らしい。大阪万博は利権に結びついている。

同時通訳は今や花形業種となっており、同時通訳者を養成する学校も乱立し始めていた。そこで、松本という、関西では口コミで知れわたった英語の使い手を用心棒として雇いたいらしい。ひと晩考えて心を決めた。

インター・オーサカでは、社長からいきなり同時通訳のヘッドホンをつけてシャドーイングの練習をさせられた。シャドーイングとは、耳に入った言語に影のようについていくことを指す。私が初めて使った造語で、今では、エコーイング（これも私の造語）といって声の表情まで真似るので、この言霊術は話芸には欠かせなくなった。当時はフォローイングという言葉が使われていた。簡単な内容の同時通訳の真似事ぐらいなら楽々とできた。だから、入社と同時に教育担当チーフとなった。

しかし、いきなり会ったこともない人の同時通訳などできるわけがない。初めの教材用のテープは、大阪市長の参謀であるジョージ・井関氏のネイティヴ並みの英語によるスピーチであった。通訳者として日本では五本の指に入ると言われたプロ中のプロだ。

その井関氏から、入社直後にこんな予言を受けた。

「インター・オーサカで定着した人はいなかったが、松本くんはきっと残る。一九八三年、そしてきみは独立する。余程の強力なスポンサーがなければ、飛び出さない方がきみにとっていい。三年以内にその会社へ移れば、その会社は潰《つぶ》れるでしょうなぁ」

井関氏の予言はどの程度的中するのであろうか。

実際には、二年後の一九七一年一二月に米大使館に入館するも、その一年後には西山千がソニーへ去り、私も一匹狼になることを余儀なくされる。この関西通訳界の雄である井関氏の眼識は、どこか肌寒くなる光芒《こうぼう》を放っていた。

このころ、アメリカ大使館の西山千は、ライシャワー大使の通訳者として知られ、いつもにこやかだがどこか超然として近づき難いところがあった。さらっとした人間関係を好まれ、仲間とつるむような行動はなさらなかったようだ。日ごろじっとして、目立たないが、あるテーマが与えられると、猛然とその研究に挑みかかる。狙ったら逃がさない。人を見る目も尋常ではない。これが後に西山千＝カマキリというイメージに結びつき、後に蟷螂《カマキリ》流と私が呼ぶところになる。カマキリ(mantis) はギリシャ語では予言者の意味を持つ。私の将来も見据えておられていたようだ。「同時通訳は割の合わない仕事。五年では早過ぎ、一〇年でかろうじて一人前になる」という西山名人の言葉は、きわめて啓示的であった。

同時通訳けものみち

私は三〇歳になった。大阪万博の年を「挑戦の年」と定義した。インター・オーサカを東京のサイマルから押し潰されぬよう三人トリオの小谷泰造氏、久米昭元氏、そして私、松本道弘が一丸となって、毎日のごとく会議通訳者の卵を訓練しながら、自らも奮迅の努力を続け、同時通訳のスキルを磨いた。大阪の陣営が崩れたら、東京に乗っ取られる。そうならないよう、崖《がけ》っぷちに立った気持ちで、大阪を死守する。これが当時の私のいう「挑戦」だった。

そんな思いを抱えていた時読んだ、西山千の『通訳術』（実日新書）には勇気づけられた。やはり精神力の重要性を説いておられる。理解力、表現力、語学力、精神力、それに学力、使命感を加えなければ一人前にはなれない。やはり一〇年はかかる。関西風にいえば、ド根性のすすめではないか。

「通訳者の仕事に対する基本的な態度、激務に対する献身的な努力の気持ち、挫折《ざせつ》感に対する克服力である」としたうえで、挫折感に打ち克つためには、ド根性だけでは間に合わず、他の職業のスキルを兼ね備えておくことも必要だと述べておられる。

西山名人の考えに共鳴し、仕事と対峙《たいじ》する覚悟は私にもあった。禅修行を終え、精神的なタフネスでは周囲の人が舌を巻くほどのスタミナを持っていたので、倒れても倒れても自分の意志で、時には点滴を打ちながら這《は》うようにして同通ブースに向かった私だという自信があった。

このころの西山千は、同通業界ではマスコミを尻目《しりめ》に、いつも孤高を保っておられた。これは難しいことだ。同通業界はビジネスがからむので、民間団体を後ろ楯《だて》とした「戦国の雄」が鎬《しのぎ》を削りあい、何らかの政治的妥協は避けられなかったから、当時の同時通訳の業界はまさに「けものみち」であった。獣のルールは、自然発生的なタブーと不透明な不文律に彩られていた。

サイマル・グループは國弘正雄氏、村松増美氏、そしてライバルのＩＳＳグループや、ＪＣＳもそれぞれが名だたるプロ通訳者を抱えている。そして小谷泰造社長率いるインター・オーサカ・グループには、役員を兼ねた同通のセミプロの久米昭元氏がいた。さらに専門分野ならお手のものといった野武士的な同通のプロたちが群雄割拠している。

米大使館の西山千はいつも超然とし、クリーンなイメージを保っていた。大使館の仕事は公務であり、同時通訳の料金交渉などする必要はなかった。米大使館そのものが超然《クール》としており、同時通訳ビジネスで荒稼ぎをするといった成り金趣味の興業者たちとは無縁の存在であった。

そんなある日、サイマルを格別意識されていたＩＳＳの筆谷社長から、東京で開かれるユニバック（コンピューター）の会議に、インター・オーサカから同時通訳者の一団が欲しいという嬉《うれ》しい依頼が舞い込んできた。やがて、私が正式な団長となり一三名の同時通訳者を引き連れて上京した。このころに國弘正雄との手紙のやり取りを通じ、大阪が東京とますます接近し始めた。東京と大阪を結びつけるパイプ役として、國弘正雄氏が果たされた業績には筆舌に尽くし難い大きいものがある。

個人的には、ラルフ・ネーダーの通訳をしておられたころに、アマチュア通訳者の私に、出版の企画などの斡旋《あっせん》に骨を折っていただいた。とくに私の「英語道」という発想がえらく気に入っておられたとみえて、『入門英語道場』（創元社）の序文に、当時無名に近い私のことを「国士」と持ち上げてくださったことは身に余る光栄であった。

この年の一一月一六日こそ運命の日になる。アメリカ文化センターで西山千が話をする。さらに、光栄にも私の日本語のスピーチを初めて同時通訳してくださった。この時が、西山千を我師と仰ぐことに決めた運命の出会いの日となった。半ば伝説となった、あの「知りません」発言（後述）はこの時である。三〇歳の私が二倍近くも年上の同時通訳の名人に空気投げされて、その場で弟子入りを決意した日であった。

そして、英語道がけものみちに迷入した。

「松本さん、一緒にやりませんか？」

この年の一〇月、アメリカ大使館通訳の試験を受けることになった。米国政府から派遣されてきた、労働担当官のローゼンブラウン氏のスピーチを日本語に、同時通訳をする。東京の米大使館から広報部の日系米人シロー・ウエノ氏が、私の英日と日英の同時通訳の技を見届けに来られていたから緊張した。

シロー氏は、西山千氏の依頼を受けて審査と面接のために、わざわざ大阪まで来られたのだが、調べるポイントはただ一点、「西山千の後釜《あとがま》として勤まるか」だけであった。西山氏は、「あの松本さんは日本人に受けそうです。でもご本人の英語は聞いたことがありません。同時通訳のスキルも知りません。ですから、厳しくチェックしてください。人物的にはオーケーで推挙します」とシロー氏に述べられたらしい。

シロー氏に、同通は合格、あと翻訳を見ますから、これをすぐに翻訳してください、と短い文章を見せられたので、その場でスラスラと解答を書いた。翻訳の試験も合格となった。

確認と同時に、「おめでとう。これまで三ヶ所に広告を出したところ、一〇〇〇名以上の応募があったが、全員失格。西山千の後釜になる人はだれもいませんでした。あなたは選ばれたのです」と言われ舞い上がった。

ローゼンブラウン氏も、私が日本から一歩も出ていないと知って驚いておられた。一〇〇〇名の応募者全員が海外経験のある人ばかりだったというから、日本だけで英語をモノにしたのは前代未聞ということだ。

プロなら、こんなことでは喜ばない、自慢できることではない。しかも海外経験がマイナスになることすらある。西山千は著書に書いておられる。そして私にもこう語られた。

「アメリカ帰りの人を雇って往生したことがあります。タイプを打った後、『打ちましたから取りに来てください』とアメリカ人のような口調で話をして、相手を怒らせてしまったのです。私は平謝り、尻拭《しりぬぐ》いをさせられました。品格のない日本人は困ります。打たせていただきましたので、いつ参上いたしましょうか、とへりくだるのが日本では礼儀じゃないでしょうか」

私も無意識にうなずいていたと思う。日本人の礼儀をわきまえれば、相手に対してへりくだるのは当たり前のことだから、別に斬新《ざんしん》な教えでもない。西山千が私を推挙されたのは、私の英語なんかではなく、私の接近術を得意とするコミュニケーション能力、とくに日本語力ではなかったか、と今にして思われる。

アメリカ大使館入館

米大使館入館が正式決定し、入館直後に広報文化局（ＵＳＩＳ）のクリスマス・パーティーが開かれ、その席で、西山千のみごとな通訳に接する。間近で聞くとまるでアメリカ人だ。英語も日本で学べる英語ではない。目をつむると、アメリカ人だとしか思えない。今まで、日本語でしか話したことがないが、その身ぶり、手ぶり、口ぶりを交えた司会を見ていると、決して、私がパートナーになれるとは思えない。

このころの私は、ＵＳＩＳの人々を識《し》ること、東京の文化と東京人の言葉を識ること、ナチュラル英語を身につけ、スピーキングよりヒアリング（listening）に力点を置くことの三点のインプットを戦略としていた。その心構えを一言で表すと、「我《が》を抑えよ（Cool it. Play it safe.）」ということか。

入館直後、上司のウエノ・シロー氏が先輩の富永正之氏と私の二人を誘ったランチの席で、ショッキングなブリーフィングを受ける。その内容は、「同時通訳者は、責任を転嫁してはならない。人にだけではない。機械に対してもだ。西山千は『機械が壊れている』と言って大勢の前で怒鳴って評判を落とした」。「米国大使館には、セキュリティーはない。予算も縮小されつつあり、いつクビになるかもしれないから、覚悟しておくこと」。「同時通訳者は、じっと我慢すること。絶対ムリしないこと。いったん『不良』というレッテルを貼られると、たとえそれが、たった一人のアメリカ人上司によるものだったとしても、私だって弁護できなくなる。Sという優秀な女性同時通訳者も、たった一人のアメリカ人上司の不評を買ってすぐにクビになった。通訳官の西山千の後釜にはだれ一人残れなかった」という内容だった。

ちょっとした失敗で、クビが飛ぶ。賞味期限はだれにでもある。師・西山千も使い捨て《エクスペンダブル》のできるパーツだっていうのか。つまりどんな優秀な通訳者でも機械、そして乾電池なのだ。ましてや、私など単2か単3の乾電池でしかなかった。

クビが飛ぶかどうかではない。いつクビが切られるか、という切実な問題だった。ウエノ・シロー氏（この人も一個のバッテリーに過ぎない）は、そういう現実照合（reality check）を二人のインターン生に提示してくれたのだ。

入館後の学習

大阪では、ネイティヴの英語に恵まれなかった反動として、インプット中心に切り換えることにしていた。来る日も来る日もＦＥＮ（今ならＡＦＮ）を聴き続け、それ以外は、毎晩のように英語の映画を観ることに充てた。やがて始まる同時通訳ワークショップはインプットの量が物を言うはずだ。ポール藤巻氏、富永氏と私の三人が西山の同通ゼミに加わった。名人が吹き込んだテープを三人が同時通訳する。全員が汗をかきながら、同時通訳をし、その声を録音テープに吹き込む。

それをプレイバックし、名人からそれぞれコメントを受ける。名人の日本語はうつくしい。呼吸に乱れがなく、まさに音楽。リズム、メロディー、ハーモニーが揃っている。これぞプロ中のプロの通訳者だ。インター・オーサカではセミプロのまま同時通訳の指導をしていたが、ここでは私はアマ、そして一人の生徒に戻っている。

それでよかった。

これまで、英語学習者の究極はバイリンガリズムだと思っていた。だから、エリート・バイリンガルの道を求めて、同時通訳に挑戦したのだ。ところで、バイリンガルなら同時通訳ができるというなら、日系米人はすべて同時通訳ができることになる。しかしそれは、事実に反する。バイリンガルだけでは、同時通訳者になれない。だからプロはバイカルチャリズムを求める。その頂点に、西山千名人がいた。

「ボクも英語は六歳までしゃべれませんでした」と言われた時は、失笑を買ったものだが、それ以降の人生は、小・中・高・大学、そして大学院まですべて英語尽くしの人生であった。家庭では完全に日本語で過ごし、日本に帰国して、日本社会（逓信省で電気工学の仕事をされる）では日本語を徹底的にマスターされたのだから、言葉の面ではあまり苦労されたことがなく、同文化に造詣《ぞうけい》が深い、羨《うらや》むべきバイカルチャリストなのだ。

そして、同時通訳を目指した際にはこう言われた。「松本さん、いいですか。今は同時通訳に徹することです。他のことを考えないことです。人の前に出たり、英語道場に戻ったりせず、同時通訳に専念しなさい」。当然であろう。逐次通訳には、翻訳する間があり、たとえその緊張感を伴った知的格闘の冷戦であっても、思考をする時間がある。ところが、同時通訳となると、思考というプロセスが奪われるから、二つの言語、文化、思考過程を同時に使い分けなければならない。英語を話す時と、日本語を話す時とでは、思考回路が違うのですよ、瞬間に切り換える時間が要るのです、というのが名人の口癖であった。同時通訳をするということは、二つの思考回路を自由自在に切り換える技術のことだ。ということは、日ごろから同じ時間帯の中で、異なった言語構造に親しんでおかねばならない。息抜きの暇などないということだ。叱られて当然なのだ。

逐次通訳で学ぶ

西山名人にこっぴどく叱られ、落ち込んだ次の日も逐次通訳の仕事が待っていた。「アー」も「エー」もいけないとか、「まあ」という、雑音のまったくない通訳がプロ。その頂点に、サイマルの村松増美氏がいた。とにかく、あとで転写《トランスクライヴ》すれば、そのまま活字になるというから、まさに芸術に近い逐次通訳だ。國弘正雄氏と逐次通訳の分野では双璧《そうへき》をなしていた。

「よくできました。これは授業の効果がでたからです。1　よく聞くこと、2　無駄な言葉を省くこと、3　待って訳す、という三点に徹したお陰です」

「通訳のプロになるには『場なれ』が肝腎《かんじん》ですよ。言葉が半自動的に口から出るように、反復練習をすることと、もう一つは人前であがらないように場数を踏むことです」

人前で英語を話す。あがらない。ド根性と図太さ。これらは関西のころの英語道場で鍛えられているので平気だが、それも英語だけでの体験であり、通訳という立場で透明人間を演じるとなると勝手が違う。黙って耳を傾ける。

通訳を終えた名人は、いつもリラックスされて、饒舌《じょうぜつ》になる。

「いいですか松本さん。通訳とはテニスのようなもので、運動神経が要るのですよ。世界のトップランキングの名選手でも毎日練習しています。そんな人ほど多く練習をします。そうすれば相手の球が見えてきます。見えない球を打とうとしてはいけません。そのうちに、相手のちょっとしたしぐさに、『予兆』が現われてくることに気づくはずです。『まさか』とか『遠路わざわざ』と聞けばもう最後のセンテンスが見えてくるはずです。予知能力とでもいうのでしょうか」

名人は『英語の通訳』（サイマル出版会）の中で、「通訳技術を向上させるためには、語学力を向上させることはもちろんだが、同時に新鮮な好奇心を失わず、知識も常に広く求めていなければならない。その知識と発達した表現力は、通訳以外の分野でも生かされる能力である」と述べている。

名人が私に、プロ通訳者を目指しなさいとは一言も仰せられなかったことからもよく分かる。では、通訳者が他の分野と較べて一歩も譲れない一線というか意地はどこにあるというのであろうか。「一つだけいえることがある。それは、どんな偉い人が通訳者を介して話していても、その偉い人は通訳者に最後のことばをゆずらなければならない、ということである」

さらっとした文体だが、この個所は重要である。英訳すれば、The interpreter has the last word. になろうが、いかにその人に豊かな通訳の経験があろうが、今お願いしている通訳者と衝突して、「ぼくはそんなことは言っていない」とその通訳者に恥をかかせることは断じて許されない。もし実際に衝突した場合は、プロ通訳者の前では折れることだ。私自身、そのことには気を配っている。私の通訳をする人の訳には敢《あ》えて耳を貸さぬように心掛けている。

「自信と謙虚さのバランスを崩してはいけません」と名人は語る。

翻訳の達人

富永氏は翻訳の達人だ。どんな英文もすぐに翻訳する。そのスピード。通訳する前に翻訳できているから、本番に強い。西山名人が翻訳にこだわったのもよく分かる。

富永氏は、翻訳に命を懸けているのか、一切浮気をしない。外部とのつきあいもなく、無駄なエネルギーは使わない。米国大使館ではまさに優等生である。

西山氏は通訳や翻訳から離れ、あらゆる情報を速読しながら吸収し、時には建設的な話し合いを奨励されていた。それも、補足的説明で述べたように、発言者のいわんとしていることを、発言者が表現したいように、他国語で表現するのが本筋だという通訳哲学から一歩も離れていない。

そして速読。六〇を越えて師が速読学校へ通い始めた。受講開始時は一分間で三〇〇語であったがコース修了後は二〇〇〇語で、最後まで残ったわずか三人のうちの一人で、理解度はトップだったという。

私も師の教えを守り、『アメリカ株式会社』（モートン・ミンツ、ジェリー・S・コーエン）と、名人から借りたハリー・H・L・キタノによる『Japanese Americans』（Prentice-Hall）も読み終えた。日本人の戦略は小川のようなもので、自然に逆らわず、大海に向かって流れていくという興味のある内容で、最も抵抗の少ない道に従うので対決はしない。より大きな社会の外部環境に左右されるから、いわば順応戦略といえる。

アメリカでの日系米人の戦略が、

1　文化変容　acculturation
2　文化結合　integration
3　文化融合　assimilation

であれば、まるで東洋の老荘思想がそのまま行動哲学になっているではないか。

日系米人は、よく言われるが、まさにバナナ——黄色い皮の裏はWASP（白人アングロ・サクソン新教徒）であって、アメリカの白人社会との架け橋として利用価値があるということになる。ミルトン・M・ゴードンの「エスクラス（eth-class）（民族階級）」という概念に対し、キタノ博士は「世代（generation）」を加え、eth-gen-class（民族世代階級）という概念造語を使われる。恐るべき日系米人の造語能力だ。

民族的アイデンティティー（ethnic identity）で言えば、「アイム　ア　ジャパニーズ」で名人は「ヒーズ　アメリカン」になる。しかし、世代的アイデンティティーになると、名人は日系二世と呼ばれる。そして名人の父は、一世（an issei）となる。

キタノ博士はエンリョ・シンドローム（遠慮症候群）という言葉を使う。これは日系米人にしか分からない発想だ。

日本一の同時通訳者を目指す

さらに、大使館で学んだことは、1　恐怖を恐れない（live with fear）、2　正確な英語を話す（speak proper English）、3　背景知識を得る（get background info）、4　他の通訳者といがみ合わない（live with other interpreters）、5　通訳に没頭する、6　英語道場から更に撤退する。

一九七三年の終わりまでに、日本で一五指に入るようになる。そのために、大阪弁をなくし、逐次通訳に力を入れ、読書量を二倍に増やす（速読）。ヒアリング（listening）を伸ばす。そもそも関西人にとって、東京はすでに外国なのである。自国語の音やアクセントをどうにもできずにいて、外国語だけ対応できる方がおかしい。聞くということが、言葉を学ぶうえでどれだけ重要かということを思い知らされていたため、ヒアリングについては、現在も重要に捉《とら》えている。そして、プロの厳しさを学び続ける（living with fear）。

さらに、一九七四年の終わりまでに、日本で一〇指に入るために、読書スピードを二倍にアップ

（一分間に五〇〇語）する。自然な英語を身につける。声に表情をつけ、聞き手に不快感を与えない話し方をし、説得力を持たせる。

一九七五年には五指に入り、逐次、同通の技をマスターし、速読では一分間に一〇〇〇語を目指す。成功しても驕《おご》ることなく、さらなる目標へ進む。

そして、一九七六年の三月五日には、日本のトップになる。その時点で、私にとって通訳者が天職かどうか判断し、最終的に意思決定しようと思っていた。

それ以後はだれにも分からないため、成り行きにまかせるとした。

「同時通訳日本一になって恩返しします」

こんな公言で、師匠に喜んでもらえるという考えが甘かった。

忍者認定試験がないように、透明人間であるべき通訳者に、そんな序列や権威付けがあっていいものか。必要もない。すべての通訳者がすべての分野で無敵をほこることなどできやしない。それは、すべてのディベーターが、あらゆる分野であらゆる論客を論破でき無敵を証明することができないことと同じ理屈になる。

人はだれしも序列が気になる。しかし、通訳業界においては、それは無意味だ。本来、目立ってはならない存在を目立たせることは、公然の秘密《オープンシークレット》と同じく、撞着語法《オクシモロン》に陥ることになる。

　こういう時は、師は黙って聞いている。

「この男はバカか」という目つきでもない。

ただ、忍びの社会で日本一になってみせます、という私の気迫だけを殺そうとはされなかった。

もし、あの時西山千が、「ようし、オレのあとを継げ、目立つな」といえば、ＮＨＫの教育テレビで三七歳の私が登場することはなかったことだろう。

第四章　西山千に学ぶ同時通訳術

大使館に入ってから、私が西山名人から学んだことは数え切れない。日々のヘビーな授業に加え、常にその言葉に耳を傾け、メモを取り、自宅に帰ってからも同時通訳に役立つ情報収集や、対象を問わず、聞こえてくる言葉の通訳を頭の中で繰り返すなど、さまざまな方法でもってレベルアップに勤《いそ》しんだ。実践の場であるブースの中では、ものすごい量のメモが回された。そんなふうに過ごした私が得たものをまとめてみたいと思う。

通訳者とは？

通訳のうまさというのは、その存在が消えてしまうかどうかがポイントである。あたかも、対話者間で話が進んでいるように感じられればパーフェクトだ。前述の通り「通訳者は透明人間」になれれば最高だ。言葉の選択、使い方、態度、ふるまいなどについて、対話者のあいだに自分が介在しているという意識をあたえないように、極力注意する必要がある。これは、常に冷静でなければできない。一つの言葉を聞きながら、口では違う言語で違う内容を話すのである。それに集中することで、自分の有り様の調整をとることは大変難しい。夢中になって声が大きくなり過ぎたりしがちである。

自分が話者の側に立つのだから、発言者に向かってではなく、対話者に向いて通訳することで、自分の位置を認識し続けることができる。

聴きとれない言葉を確認する時は、聴きたいことを具体的に絞って、相手が簡潔に答えられるように配慮する。間違ってしまった場合も、必ずしもすぐに訂正する必要はなく、タイミングを計って行えばよい。また、他者から通訳の間違いを指摘された場合でも議論は避けるべきだ。

通訳者は二言語間の転換をしているのではなく、発言の意味と発言者の意図を的確に捉え、それを他言語で表現するのであるが、それは、文章を訳するということではなく、ある種の創作となる。だから、外国語ができれば通訳ができるわけではない。母国語並みの外国語能力は当然必要だが、両言語の表現力を捉えること、また、通訳術の熟練も不可欠である。

公表されない内容については、決して口外しないのはもちろん、発言者や発言内容に対する事後の批判はするべきではない。

実務の範囲では、自分の能力を見極め、無理をするのは危険である。背伸びをするのは、日常の訓練の際に限るべきである。とはいえ、まったく引き受けてはならないということではない。無理が無理でなくなる場合には、つまり自分の能力がそれまでに追いつけると判断した場合は可能であろう。

他の通訳者が仕事をしている時は、割り込む結果にならないように注意し、報酬は依頼者と約束したもの以外は受けてはならない。また他の通訳者に迷惑のかかるような、通訳の競争的な「安売り」は決してしてはならない。

通訳者の立場を認識し、それ以外の問題で、たとえば会議の運営などに対しては口を出すべきではない。

通訳の正確さと発言者の心得

発言の意味を、場合によっては通訳者が取り違え、またそれが、相手に取り違えられる場合がある。言葉は、個々人の解釈の定義によって意味が違う場合があり、また外国語と日本語間の差を考慮すれば、八割がたの正確さで意思が伝達されることとなる。

ハイレベルな内容の通訳に関しては、原語よりも、さらに二〜三割ちかく時間が必要となるため、同時通訳だと、時間の節約にはなるが、高度の熟練がなければ、通訳の意味を成さなくなる。

通訳には、全訳、概訳、仲介通訳などがあるが、場合に応じて事前の打ち合わせが有効である。

忘れがちなことではあるが、発言者は通訳者の能力に応じた話し方をする必要がある。発言内容をはっきりと摑《つか》めるように話すことは、重要である。比喩《ひゆ》やしゃれは他言語に翻訳できない場合もあるため、使い方に注意しないと通訳不可能になりかねないので、むやみに使わないようにする。内容は明確にし、一つか二つのセンテンスに区切って通訳させると、通訳の正確さが向上する。特に、主語、目的語などをはっきり言うこと。

通訳は単に言葉の転換を行うわけではないので、話の内容や目的によって通訳者を選ぶことは重要である。事前に通訳者と内容を打ち合わせ、資料を提供すると、大きな間違いは起こらないはずである。また、通訳者の着席位置、拡声器、同時通訳設備などの打ち合わせ、テストを通訳者と事前に行うことは、滑らかな通訳に大いに役立つ。そして、通訳の種類（同時、逐次、全訳、概訳など）を打ち合わせること。

案外忘れられがちであるが、通訳以外の仕事は通訳者に期待しない。また、通訳は極度の集中を要する業務であるため、同時通訳ならば正味二時間、逐次通訳は正味三時間ていどが適量であり、それを超える場合は、複数の通訳者を確保するべきである。また、通訳にあたっている通訳者には、だまっている時でもフルに稼動しているため、話しかけるなど干渉することは禁物である。

通訳者になるには

通訳を目指す人にとっての心得として、知っておいてもらいたい内容は本書を通じて感じてもらえると思う。私が最も優れた通訳者であると信じ師事する西山千によれば、以下を踏まえておく必要がある。

まずは、発言の内容を言葉としてでなく、情報として的確に摑むこと。すでに述べているように、通訳は言葉の転換をする作業ではない。その内容を情報として理解するためには、1　内容の事前勉強、2　発言者への同情的態度の維持、3　発言に詳細もれなく注意、などに努めることが重要である。

また、表現力を向上させるため、たえず、日本語と外国語を同様に訓練することを怠ってはならない。

通訳術を身につける目的を、国際社会のなかで位置づける必要がある。単なる転換者ではないので、その仕事の意義と意味を十分に理解しなければならない。体力については見落とされがちだが、極端に消耗することを見落としてはならない。十分な体調管理が必要である。

通訳者の語学力

外国語を学ぶなら、外国に限る、というのは安易な考えだ。身をおく環境によっては、かえって偏ってしまう可能性もある。実際、私がアメリカ大使館での通訳者に選ばれたときには、日本から出た経験はなかったことからも容易に理解できよう。

効果的な学習方法については一概に語れないが、本書を通じて述べているように、多くの情報収集とともに、言葉の理解を深めるべきである。そのことは、母国語についても同様で、生まれついた国の言葉だからといってなおざりにすべきではない。母国語、外国語ともに、同じ意味の内容を、さまざまに表現することを繰り返し、外国語環境での表現の微妙な違いを研究するべきである。

通訳の技術はもちろん、発言の内容にも通じている必要があるため、語学以外のさまざまな勉強も欠かせない。事前に通訳しそうな話題の内容、学科などをよく勉強することは役立つが、通訳した後も、他人の意見を聞いて利用者側の反応として参考にし、録音を聞いて通訳の改善を研究するとよい。

このやり方を、アメリカ大使館時代の私の同通訓練の時に実践していた。録音機が恐ろしかった。私が吹き込んだ通訳を何回も繰り返し聴かされる。もう分かった、勘弁してください、と泣きたくなるような気持ちであったが、大変有効な方法である。通訳者はそれぞれの癖を持っているが、案外気がついていない場合が多い。自分の現状をしっかりと認識して、さらなるステップアップをするためにも、臆せず挑戦してほしい。

同じ内容を違った表現で言い換えるくらいならば簡単だ。しかし求めるのは、もっとも相応《ふさわ》しい表現である。初心者だけでなく、熟練した通訳者にも、ぜひつねに心掛けてほしい（熟練者は当然のこととして、実践しているのだろうが）。

通訳術の習得法とメモの取り方

まず、逐次通訳を学ぶこと。一センテンスごとの通訳を十分に練習し、確実にできるようにすること。表現についても余裕を持ってできるようになったら、スピードを上げてもできるようにする。次に、一、二センテンス連続の内容を逐次通訳する練習を繰り返す。

通訳を始めるタイミングをだんだん早めにすれば、同時通訳に近づいていくのだが、逐次と同時はもともとの通訳の方法に差があるので、同時通訳の場合は、情報の単位が一つにまとまったものとして聞こえてから通訳し、その通訳のあいだに、同時に次の情報単位が耳から入ってくるのに傾注すること。ただし、文章の構造によく注意しないと、通訳を聞いている方で分からなくなるため注意しなければならない。

このような、同時通訳の段階を経ることによって、高度の逐次通訳ができるようになるが、その訓練は、ノートの取りかたの練習と併行して行うとよい。通訳者のノートは情報の図面と心得て、文章を書くのではなく、略字、略語、記号などによって、各通訳者が独自のものを作りあげ、より少ない労力で最大の情報を盛り込む工夫が必要である。たとえば、二時半と言えば時計の針を頭の中でイメージし、その映像を頭の中に焼きつけると簡単にイメージできるが、「2：30」というデジタル映像ではそうはいかない。

テレビなどを見る時も、メモを取る練習を続けること。映像は空間で、言語には時間的な「流れ」があるため、両者が結びつくと、相乗効果が生じる。名人が、うつむいてメモばかり見るのではなく、話者の表情を読みとりながら同時通訳をせよ、と言われたのもこのことだろう。

たしかに、同時通訳という瞬間の芸術は、身心共に、そして主観と客観を同時に捉えるspoken artなのであろう。コミュニケーションの大家である斎藤美津子氏が、西山千の日本語のスピーチには、聞き手にやさしくイメージさせる「流れ」があり、これぞ究極のコミュニケーションと絶賛された理由がよく分かる。

通訳者の落とし穴

通訳者に対する細々とした注意点は、各流派によって異なるが、一番大切なルールは、話者をHeとかSheと突き離さないことだ。「透明の原則」に従えば、あるネイティヴの話者が、「すべての日本人はウソつきだ」といえば、そのままAll Japanese are liars.と訳さなければならない。通訳者はカチンときてはいけない。逐次通訳の時だって、そうだ。

He says…はいけない。話者と一体化しI thinkで始めるべきだ。西山千と白洲次郎氏の一番大きな立場上の相違点は、ここにある。知人であるジャーナリスト・徳本栄一郎氏によると、白洲次郎氏は、日本人というときに、they を使っていたところに、異和感を覚えたという。『英国機密ファイルの昭和天皇』（新潮文庫）では、そのことに、数回も触れている。

この点について、氏とも何度も語りあった。

GHQを説得するために、敢えて日本人のことを「彼ら」（they）と呼んだのは、相手の親近感を引き出そうとした意図があったのかもしれない、と認められながらも、「一体、白洲のアイデンティティー（帰属意識）は何だったのか」（『英国機密ファイルの昭和天皇』）と、徳本氏自身が疑問を持っておられることはたしかだ。白洲のアイデンティティーは白洲。もし、白洲氏が名人の前でGHQとこんなスタイルで交渉をしていたとしたら、きっと顔をしかめられるだろう。

「白洲さんが政治家ならいい、ビジネスマンならいい。しかし、通訳をするときは、通訳者としてのマナーがある。自分が日本人ならウイ・ジャパニーズと言うべきだろう。ゼイは言語道断」

この判断は私の独断と偏見に基づくものだが、この英語表現法だけで、白洲氏は「二枚舌のヘビのような人間だ」（ある元駐日英国大使の表現）とは断定できない。同じように、どの陣営にも属さず、通訳に徹した名人を二重基準《ダブル・スタンダード》に長《た》けた日系米人だという批判も当たらない。

そもそも、透明人間はアイデンティティーという概念とは無縁の存在なのだから。

誤解とくいちがい

日本人は発想が豊かなのか、優れた言語（創語?）感覚をもっているのか、さまざまな新語を生み出している。

その際たるものに、カタカナ語がある。ただ注意しなければならないのは、これらは日本でのみ通用する日本語である点である。カタカナで書かれている、もしくは英単語の組み合わせでできているからといって、安易に英語だと勘違いして使ってしまう人が大変多い。もちろんなかにはバックマージン（賄賂。正しくは rebate）や、バックミラー（車の後方確認用の鏡。正しくは rear mirror）のように、よくできた（?）和製英語もあるが、常に、英語ではどういうかを正しく認識しておく必要がある。

うっかり使ってしまい、たまたま文脈に当てはまるが、まったく違った内容として、相手がそれを正しい意味として受け取ってしまうと大変だ。

「あなたはオールマイティだ（何でもできる）」と言いたい時に、思わず、

You are almighty.

といってしまうと、相手は驚くはずだ。英語のオールマイティは、宗教的な「全能の」という壮大な意味の語である。自分を神の如く表現されれば、驚くのは当然である（この場合の正しい表現

は、You have it all.)。

また、対話者間での期待には差がある場合が多い。とはいえ、これから生じる誤差の折衝は通訳の仕事の範囲ではないため、相応しい人材に任せるべきである。通訳者は、言葉に含まれる文化的な差異を縮める最大限の努力を怠ってはならない。

その一番に、国民性の差があることが挙げられる。しかし同一国民であっても、その差は個人差の範囲を上回ることはない。知っておくべきは、典型的な部分である。一般化できる範囲の生活や思考については、熟知しておくべきだ。

通訳者のあるべき姿

identityは、翻訳者なら「主体」と訳すが、通訳者は「所属」と訳すと名人から教わった。USISの内部でも翻訳と通訳との間には溝がある。こういった違いはなぜ起こるのであろう。そもそも通訳者にとってのidentityとは何だろうか。異文化の架け橋に徹すればいいのですよ、と名人は言う。しかし、橋とは何なのだ。完全な中立というものがあるのだろうか。「橋」ではなく「間」ではないのか。人と人との間。この「間」は「魔物」に化ける。この「間」を名人は、critical pauseと訳され、友人のボイエ・デ・メンテはpregnant pause（孕《はら》んだ空間）と訳された。いずれが適訳かという価値判断を別にすれば、通訳者のアイデンティティーは、「個」ではなく、個と個の「間」であることは言うを俟《ま》たない。場を優先させるなら、私の個人的解釈も控えるべきであろう。

アメリカ人が日本人に「いっちょ、やろうか」というような日本語を「場」を無視してしゃべったり、中途半端な英語で翻訳することは見苦しい。同じようなことを日本人が、西洋人の前でやるのも耳障りである。品格をもった通訳者となるように努めるべきである。

通訳者はできるだけ説明的な語句を入れないことが重要だ。とくに講演慣れした人は解釈をつけてしまうが、気をつけるべきである。

また、通訳者には実用的機能よりも、気配りが必要とされる情報的機能が「間」と共に要求される。ま、難しい解釈は別にして、実用と情報価値を重んじられる通訳術が、西山名人の専売特許というところか。お互いに知り合っている同士なら心の壁《エモーショナル・フィルター》も低く、通訳が簡単なのだろう。

「途中で息を抜く時は、スピーカーがちょっと一服する時で、それも三分の二秒。いずれにせよ、二時間もやるとクタクタになります。一生やる仕事ではありません。通訳者は情報社会積極参加型の人間ですから、レジャーがないかもしれません。その勉強が楽しくならなければなりません。私は二〇年間ほど、これを中心にやってきましたので、他のことをする余裕はありませんでした。今ごろになって本を書き始めましたけどね」

読書をする時に、通訳をするならどんな言い回しができるか工夫する。そういう問題意識を失わず、日ごろから貪欲に知識を吸収することも下積み。下積みに関して名人はこう仰《おっしゃ》った。

「主体性を失わないこと、常に心はニュートラルに、〝口論《アーギュメント》〟は絶対にいけない」

第五章　西山千という通訳者

出会い

初めて同時通訳の名人・西山千とお会いしたのは、私が二九歳の時であった。当時、大阪で通訳者の教育をしていた私は、その名を聞いて心がときめいた。アポロ11号月面着陸の同時通訳をしたことで、一躍、日本中にその存在が知られることとなった人物が講演をするという。息を弾ませて大阪の産経会館にあるアメリカ文化センターに駆けつけた。

いきなり驚かされた。この場で名人が同時通訳のデモンストレーションをされたのだ。アメリカ文化センターのアメリカ人の館長がナチュラルスピードで行った英語のスピーチを、同時に、しかもわれわれの目の前で自然な日本語に訳されたのだ。

会場がどよめいた。

スピーチの内容は忘れたが、あの同通デモと聴衆の感動ぶりだけははっきり覚えている。関西ではすでに英語の達人として知られていた私と、隣にすわっておられた『毎日デイリーニューズ』の藤本編集長は、腰を抜かさんばかりに驚いた。

「事前に打ち合わせていたのではないか。しかし、語順が逆である英語を同時に日本語に訳せるわけがない。どうも八百長くさい」

と、われわれは妙なところで呼吸が合った。

ここでとどまらないのが私の性分だ。あとでこっそりアメリカ人の館長に尋ねてみたところ、「いや、打ち合わせなしだ。ふつうにしゃべったらセンが、そのあとピッタリついてきた」。

ありえない。そんなことができる人間がいるのか？　頭の構造はどうなっているのだろう？　その時の私の心境は、柳生の里を訪れた新陰流の流祖・上泉伊勢守《いせのかみ》秀綱に挑んだ柳生但馬守《たじまのかみ》宗厳《むねよし》（後の柳生石舟斎）のそれに似ている。

五〇の坂をはるかに越している伊勢守。宗厳は男盛りの三五歳。

柳生宗厳は木剣で道場に立つ。

上泉伊勢守は、袋竹刀《ふくろじない》で迎える。袋竹刀は革袋の中に割り竹を入れた柔らかい竹刀であるから、これで面や小手を打たれたところで怪我はない。

宗厳が踏み込んだ途端、自分の木剣が袋竹刀によって巻き上げられ、宙に飛んだ。

「こんなバカな事があってなるものか」。宗厳は合点がゆかず、「お願い申す！　いま一度」と追いすがる。

「そうじゃ、豊五郎、そなたお相手してみよ」

師は一番弟子の疋田《ひきた》豊五郎に命じた。

師ばかりか弟子にまで負ければ、宗厳は完全に面目を失い、必ず遺恨を残し、思わぬ争いの尾を引くに違いない。疋田の心は複雑であったが、師の命令には逆らえず、宗厳の前に立った。

勝敗は前とまったく同じだった。高く宙へ飛ばされた木剣は、カランと乾いた音をたてて落ちた。宗厳は、どうして自分の木刀が吸い取られたのか分からない……。


私は西山千の同時通訳を聞いていてそう思った。これでも私は、当時インター・オーサカで同時通訳の教育担当のチーフをしていたのだ。私の自慢の英語が吹っ飛ばされた。

東京には、國弘正雄氏、村松増美氏という強豪以外に、小松達也氏、浅野輔《たすく》氏、金山宣夫氏、女性では異彩を放っていた鳥飼玖美子《くみこ》氏といった、疋田豊五郎クラスの同時通訳者がごろごろいるらしい。私も、この西山千という同時通訳のパイオニアから、一本は奪いたいと隙を狙った。

数ヶ月後に、化け物西山が通訳者の心構えについて大勢の前で話をする機会が訪れた。正体を暴いてみせる。そんな気持ちで全身を耳にして聴いた。講演の第一声は、こんな言葉だった。

「通訳者になる要素の第一は……気迫です……」

気迫？　品格ではないのか。この物腰低く、静かな紳士が選んだ言葉が、気迫？　その時、私はこらえきれず西山の言葉を遮った。

「気迫は英語でどういうのですか？」

こんな場面で随分とぶしつけな質問だ。一瞬、空気は凍りついたはずだ。

その時、日本一の同時通訳者は答えた。

「知りません」

間髪を入れぬ即答であった。しかも笑顔のままだ。品格が漂い余裕に満ちている。気負って打ちつけようとした私の木刀は、空を舞って、コトンと床に落ちた。奇襲作戦は失敗に終わった。

この人は化け物だ。

やがて、「知りません」についての解説が始まり、気迫という語について、「状況によってはこんな表現も付け加えると」と、ナチュラルスピードの英語で話し始めた。もう内容がフォローできないほどの速さである。ラジオやテレビで耳に入る英語とは異質のネイティヴ・イングリッシュだ。それも実力を見せつけるようなものではなく、さらりとしている。よどみない簡潔な説明。一つの言葉に含まれた、その背景にある文化を完全に理解しているからこその発言である。通訳者としての使命の最も重要な部分をこの人は知っている、と思ったのは私の直感である。私を含め、ほとんどの聴衆は「気迫」とは何をさしているのかなど、分かるはずもなく、ましてや、あらためて考えてみる余裕などなかったはずだ。ただ圧倒されて、思考を投げ出して聞くばかり。私などがかなうどころか、手合わせさえもおこがましい。

この時、改めて私は己を愧《は》じた。慢心、自惚《うぬぼ》れ、未熟さ……。そして、この瞬間、私はすべてを捨てて、全身全霊、西山千という兵法者を師と仰ぎ、随行しようと心に決めた。

宗厳は徹夜で考え抜いた挙げ句、翌日、秀綱に入門し、切磋琢磨《せっさたくま》を誓ったという。このような出会いがあったからこそ、無刀取り柳生新陰流の開祖・石舟斎が誕生したのである。

同時通訳界の天下人・西山千名人が、大勢の前で「知りません」と答えたのと同じ禅機で弟子入りしたいと心に決めたのは私の勝手だが、名人から入門を許されたわけではない。そもそも私は入門さえも申し出られずにいた。どう近付いたらよいのか。玄関前にすわり込んで頼み込むのか。妙案は浮かばぬままに、時間は過ぎていった。

熊沢蕃山《ばんざん》は、陽明学の師・中江藤樹に入門の許可を求め、雨の日、雪の日も玄関前にすわり込んだという。今なら警察に頼んで門前払いということになろうが、当時の求道者は、多かれ少なかれ同じような熱い思いと揺るぎなき志を胸に秘めて、師を求めたものだ。そして、入門希望者の心意気が汲《く》まれる場合もあった。インターネットなき時代は、体当たりしかなく、みなが崖っぷちに立っていたのだ。

英語界の武蔵を任じ、自らを師とする独行道を貫いてきた私が師を求める？　まさか？

しかし、柔道三段、実用英語検定一級、ガイド国家試験合格書など、すべての資格を捨て、接近する。私に迷いはなかった。

通訳者はどうあるべきか

名人は、「通訳者は、ことばの使いかた、態度、ふるまいなどについて、対話者のあいだに自分が介在しているという意識を与えないように、極力注意すること」としている。

この点について、氏はストイックに実践されていた。礼儀正しく、言葉はうつくしく、ダンディーで、申し分のない紳士、というのが衆目の一致するところ。その代表的な次のコメントは、鳥飼玖美子氏によるものだ。

正真正銘のバイリンガルでした。美しい日本語を話し、英語は完全な母語話者。優しくて丁寧で、ダンディーな紳士でした。

「人間の母語は一つ」との説があります。その意味で、西山さんの母語は英語だったのかなと思ったことがあります。最晩年、私の方からいくつかお尋ねをしたのですが、西山さんから届いたファクスは、英語で書かれていたのです。以前は手紙もすべて日本語だったのに……。西山さんの一番使いやすい言語は英語だったのかなと感じました。（「時代の証言者」読売新聞、二〇〇九年九月一六日）

この印象は、小松達也氏もまったく同じで、多くのプロ通訳者、そして外国人特派員協会の事務方の人たちの印象とまったく一致する。名人には、品格というより、風格があった。発言にも威風があった。

ある日アメリカ人の話者（日本文化に不慣れなアメリカ人）の面前で、「スピーチの最初に冗談なんか飛ばしちゃいけないよ。笑いってのは通じないもんだからね……」と注文をつけられていたのを耳にした。話者に説教か？　同時通訳の名人にもなると、話者にも注文がつけられるんだ、頼もしいなあ。

精度の高い通訳を求めていたのだから当然であろうが、話者に外国語との差を、つまり文化の差が相互誤解を招くから、気をつけるようにと忠告することは、老婆心からとはいえ、私ごとき若輩が真似のできる芸ではなかった。未然に事故を防ぐ必要を感じておられた名人は、危機管理の名人でもあった。

表の白洲次郎と裏の西山千

ジェントルマンで思い出したが、カントリー・ジェントルマンといえば、今もマスコミの話題をさらい続ける白洲次郎氏。

どちらも、背が高く、ハンサムで、気骨があり、英語力は抜群で、風のような男だ。ご両人とも、憎らしくなるくらいカッコいい男だ。違いがあるとすれば、透明性のみだ。白洲氏は、日本国憲法誕生の現場に立ち会い、占領軍司令官を相手に一歩も退《ひ》かなかった男だ。プリンシプル（物事の筋）を大切に、自説を曲げなかった。わが道を行く、天衣無縫の気概が、今も語り伝えられている。

それに対し、西山名人は、持説を曲げず、通訳と呼ぶな、通訳者と呼べと、これまで人格を否定されるような扱いを受けてきた話芸人の通訳（かつては通弁と蔑まれた）に、人権を与えようとされた。貴公子のような白洲次郎氏と違って、同じノブレス・オブリージュ（noblesse oblige＝特権階級が社会に還元すべき義務）という概念を大切にされたとはいえ、名人は、そのプライドを通訳者としての矜持《きょうじ》として限定し、貴族意識を誇示されたわけではなく、透明人間のような扱いを受けてきた通訳（者）に、貴族性を与えられた。

通訳業界を身体を張って守られた。白洲氏のそれはpride、名人のそれはself-esteemであった。しかし、「者」という名称にこだわらないもう一人の名人がいた。かつて一世を風靡《ふうび》した村松増美名人だ。「別に通訳といわれてもいいじゃないか。『者』があってもなくても、ぼくは平気ですね」と私に語られた。写真に有名人が写っている。その中にいる通訳者は名前がない。「ひとりおいて」との但し書きがある。人形浄瑠璃《じょうるり》の黒子《くろこ》だ。そういう扱いを生涯受けてこられた、村松名人は格別に西山名人を意識されていた。負けず嫌いな職人気質だった。浅草で遊学された生粋の浅草芸人の気概を最後まで失わなかった村松名人は、ブースの中で、西山名人にひっきりなしにメモを回されていた。同時通訳の名人として仰ぎ見られる存在となったが、実際は通訳業界のけものみち（元タイピスト）を歩んでこられた苦労人だ。まるでカムイ伝から飛び出したような言葉の魔術師だ。

もとからバイリンガルの名人とは違って、英語、日本語の両言語を必死に学ばれた。教え子を浅草の演芸場にまで連れ出して、話芸の講義をされていたという。この点、私と似通った芸風を感じてしまう。英語を学ぶために、上京後は寄席へ通い、言葉と、言葉と言葉の「間」を同時に学んだからだ。

「サイマルは、アメリカ大使館のように日米関係だけを対象とせず、全世界を相手にしています。西山さんはアメリカ人の顔をうかがって通訳していますが、私は、外国人と日本人の中央の位置に視線を落とします」とさかんにサイマル流派の優越性を吹聴《ふいちょう》されていた。私の同時通訳ぶりを視察された上でのお誘いだから、人選には周到なところがある。武士は二君にまみえず、というが、半分傾いた気持ちも抑えた。師から離れることはできない。もしも上司を裏切るようなことがあれば、この忍びの業界では食べていけなくなる。

その心配はなかった。嫉妬《しっと》どころではない。名人は、私のポスト大使館の転職先まで心配されていた。「村松さん、小松さんが、松本さんを注目していますよ」とまるでわがことのように、私の上達ぶりを心底より喜んでくださっていた。

男、西山千。その power of empathy（惻隠《そくいん》の情）。

どうも、白洲次郎氏のような派手さはない。しかし名人には渋さがあった。白洲氏は吉田茂首相、千はライシャワー大使に師事した。どちらも英語という懐刀を抱いたサムライで、重要人物に参謀待遇として抱えられる。通訳者としては、もったいない武芸者だ。

風の男と呼ばれる白洲次郎は、昭和四年に樺山正子と結婚し、昭和一五年に三八歳で職を退き、鶴川村に疎開している。

青柳恵介は『風の男　白洲次郎』（新潮文庫）の中で、「彼が生涯のうちでもっとも『生活に苦労した』時期をあげるとすれば、この時期であろうし、また俗な言い方になるが、世に出る準備の期間でもあっただろう」と述べている。

昭和一五年といえば、私が生まれた年だ。白洲は、繭になって息を殺していた。この時、白洲次郎は三八歳、西山千は十歳下の二八歳だった。

時代的にも二人は近い。戦後処理のころ、GHQに引っこ抜かれた名人は、どこかで会っているはずだ。「うーむ、この男、やるのう」とお互いに感応しあったに違いない。どちらも負けん気の強い男だ。カチンとくることもあっただろうが、男同士の間では何かビビとくるものがある。生前に、名人にこのことを聞き出せなかったことが残念である。私はいまや同時通訳者ではない——余興としてやるが——、ディベーターである。ディベーターは定義に強い。師匠を描く時に、その人間性が近すぎて定義に困る場合、思い切って突き放し、似て非なる存在をぶつけてみる。ディベーターが用いる裏技だ。

似ている点は、先述したように、カッコよさ、男っぷりのよさという共通の分母だ。白洲好みの言葉「こんちくしょう」は、氏には発奮の意味であったが、名人の気迫もこの「コンチクショウ」の延長にあった。

「おまえは日本人だ。大和魂を失うな」と日系一世の父から刷り込まれた名人も、父に反発しながら同じような道をたどった。白洲次郎も、父に反発しながら、その反抗心をバネに浮上した。どちらも明治人間の気骨を備えていた。そしてどちらも騎士道の信奉者である。

ある日、白洲次郎はこう言った。

「君に夫婦円満の秘訣《ひけつ》を教えてやろうか。夫婦はできるだけ一緒にいないことだよ」

明らかに、能に没頭していた女房の正子との不即不離の関係を踏まえての発言だ。

名人なら、そんな発言はしない。離れて暮らせとも、一緒に仲良くすることだと説教じみたことも言わない。男女に関する余計な発言はしない。人のプライバシーに口をはさまない。厳正中立といったところだ。

しかし、騎士道（武士道より婦人に優しい）の礼儀についてはうるさい。

私の妹がカバン持ちをしていたとき、名人は、妹に向かって、恐ろしい形相でこう言った。

「お兄さんは、いつも女性にこんな荷物を持たせるのですか！」と。常識じゃないか、兄に言っておけと言いたげだったと妹は言う。

余談ながら、二〇〇九年九月、ＮＨＫテレビが三夜連続で、ドラマ「白洲次郎」を放映した。次郎と正子が不慣れな英語をしゃべっている。少なくとも、西山名人が次郎の役をすれば、もっと絵になるのに、とふと思った。

どうも私には白洲次郎と西山千の生き様がだぶってくるのだ。西山千を駐日米大使に、あるいはなんらかの勲章を授ける方法はないかと陰で動いたが、私の非力ゆえ、実現に至らなかった。くやしい。

通訳を通訳者と呼ばせた、実績のあるパイオニアだ。そんな名人に光を与えたいと思うのは、弟子としては当然の報恩行為ではないか。

それにしても、武道家の私をして、西山千に男を感じ、白洲次郎と対比させるに至ったのは、恥ずかしながら、師が他界されてからずっとのちのことだ。

同時通訳の芸人としての技は、この世のものとは思えない。モーツアルトのような天才。しかし、人間として、男としては、となると、どうも踏み込めない一線があった。

名人のあのテフロン体質（テフロンのようにさらっとした気質で、ベタベタした人間関係を好まない体質）が気になる。半分以上アメリカ人である名人に日本人のドロドロした義理人情が分かるのだろうかと疑ったことがしばしばある。決定的な事件は、名人がソニーへ移るというショッキングなニュースを週刊誌で知った時だ。師を慕って、家族もろとも上京した私が、見習い期間中で、解雇されるかもしれないという時に、フイと姿をくらます。「それはないでしょう、師匠」とグチを言ったこともある。そのあたりのいきさつと感情のもつれは、英語による会話の方が分かりやすいと思う。

『同時通訳おもしろ話』（講談社＋α新書）では、師と初めて一対一で英語で話しあった。緊張感が漂う中での、やり取りはこんなふうであった。

N No, You know. No. I treated you very badly.

M I totally disagree with you.

N You asked me, when you started working in the Embassy, you asked me to be rough on you. You said, “Please be rough on me.” And like an honest fool, I was really tough. I realize that.

M Yes, you were, but I appreciate that. And it was a giant leap for a man, if not for mankind, because seeing you was a fatal attraction. And I’m still just worshipping [still worshipping] the ground you walk on.

N　Don't do that!
M　Oh, yes I will.
N　Don't do that.

英語でやった方が結果的によかった。ご本人もそうおっしゃっていた。通訳がなぜ通訳者でなくてはならないのか、という理由を、ロジックとエモーションに分けて聞くことができたのも、英語だから自然にそうなったのだ。翻訳者を翻訳と呼ばないのに、通訳をする人に「者」がつかないのは理不尽だというのは、論理的でない上に、常識に照らし合わせても、通訳を機械扱いされた憂さを晴らすといった感情も否定できないことが分かったからだ。

この対談で学んだことは、英語になると思考パターンがコロリと変わることだった。まえがきで、師は、「西山千の失敗と、わらい話」と題をかえた方がよい、つまり、恥をかなぐり捨てて語り合う方が失敗談を聞きたがる日本人読者には好まれるので、低姿勢の方がいいという考えなのだろう。月と地球を間違えて通訳しちゃいましたよ、というふうに自虐的なユーモアで頭をかきながら笑いをとることが、日本大衆に対するサービスになることを体験を通じて学ばれたに違いない。日本では、有徳の人は必ず腰を低くし、必ず頭《こうべ》を垂れ、よもや自己を語らず、決して自己PRをしてはならない――それらを名人は実践されていた。

腰の低いお方、エレガントで優しい紳士と、どこへいっても尊敬を集める。それは、名人の人柄だろう。決してゲーム感覚とは思えない。しかし、近くで接していると、ふと懐疑《ダウト》が湧く。弟子として決して不躾《ぶしつけ》なことではない。あの神の愛一途《いちず》に生きたマザー・テレサでも、神への懐疑《ダウト》に襲われたと激白した手紙が見つかって話題になった。飛行場のカフェテリアを走り回って、残飯でも何でも食べ物ならすべて寄せ集めたのも、自分が機内で食べるためではない。

帰宅したときに腹を空《す》かしている孤児たちに食べさせたかったからだ。「こんなに忙しい私よ、イエス様、ちょっとぐらい手伝ってよ」というぐらいの愚痴が出たところで、不敬にはなるまい。そのていどの懐疑《ダウト》心だ。クリスチャンのいう信仰《ビリーフ》に対する悪魔的な懐疑心ではない。

そんな私の心のうちに巣くっていたわだかまりを吹っ飛ばした一冊の本がある。それは、名人の力作といえる『真珠湾と日系人――日米・友好と平等への道』（サイマル出版会）である。

この一冊を読んで、名人がアメリカにおける日本人の地位向上のために闘った日系米人の実績を讃《たた》え、その中でも不慮の死を迎えた、親友で愛国者であったマイク正岡に対する熱い思いが伝わってきた。名人が書かれた数冊の本の中で、一冊名著を挙げよといわれれば、躊躇《ちゅうちょ》なく同書を勧める。復刻版を望みたい。

義理・人情にも篤い、男・西山千が発見できた。白洲次郎と対等に立てる伊達《だ て》男・西山千が。

あの世で再会することがあれば、「先生」と声を落として話しかけるより、「親分！」と声高に語りかけたい。

西山千の英語は音楽だ

いや、この男が、しごいてくれって言ったからしごいたんだ、と名人が笑いながら周囲に吹聴された表情が懐かしい。

本当に嬉《うれ》しそうだった。大衆の面前で叱ってくれる、そして笑い話のつまにされる。それでいいのだ。名人が、唯一の師と仰ぐライシャワー大使に大衆の面前で、間違いを指摘されたこと――周囲の人は「いじめ」と解釈したらしいが――が嬉しかったと、破顔一笑される。逆恨みなど一切ない。童心に戻った名人を見ていると、私も嬉しくなる。そして、いずれ私も西山流派に染まってしまう。

西山流派とは、一言でいえば音楽だ。カラヤンのいう「レガート」(流れ)がある。呼吸が絶対に乱れない。母音が巧みに使われ、表情の起伏が英語を通じて音楽になって響く。いや、日本語においてもそうだ。

あるプロの同時通訳者のシンポジウムの会場で、デモンストレーションが行われた。私の隣にすわっておられた斎藤美津子国際基督教大学（ＩＣＵ）教授（同時通訳者間に必要な理論とコミュニケーション理論を大学教育に取り入れられた創始者）が立ち上がって、「西山さんの通訳（日本語）が一番よかったわ。耳に一番快適に響くもの」と感情をストレートに表現された。

こんなお褒めの言葉で一番恐縮されたのは名人ご自身であったはずだ。面映《おもは》ゆい、と感じられたに違いない。

しかし、後で「あれは松本さんが斎藤さんの隣にすわっておられたからひいき目のコメントを受けたまで」と、あくまで自分に辛い点数をつけられていた。

アポロの時の通訳でも、人の耳に入るのは、名人の日本語のみである。「すべて順調」という日本語しか覚えていないという日本人が多い。名通訳者といわれても、師の英語力を知らない人がいる。英語はネイティヴ以上だ。あの音感はどこから来るのか。

やはり、音感に関しては、幼児体験がモノをいう。海外へ行かずに、英語をマスターしたと過大評価を受け続けてきた私でも、同時通訳体験で一番悩まされたのはリスニングだ。

名人の強さは、眼と耳によるインプット力なのだ。あの大きなレーダーのような耳ときらっと光る眼は、まるでカマキリのようだ。静かで端正だが、勝負が近づくと獰猛《どうもう》になる。獲物は絶対に見逃さない。じっと待つ。体勢を崩さない。そこに沈黙の音楽が流れている。すでに周囲の波動を感じている。

『オバマの本棚』（世界文化社）という企画が飛んできた時に、オバマ関係の原書を五〇冊近く読破し、オバマ好みの音楽や映画をすべて聴いたり観たり、オバマに〝擬態〟した。カムフラージュは私の戦略だ――西山千にも擬態したのだから。

そこで知ったのが、オバマの愛読書『透明人間《インヴィジブル・マン》』であった。

名人が好んだ形容詞にインヴィジブルがある。ここでオバマと名人が結びついた。名人は、「太平洋のかけ橋」になろうとされている。

It's a bridge across the Pacific. The purpose of a bridge is to be walked upon.（橋の目的は、踏まれることです）

――『同時通訳おもしろ話』の訳は、「そこを人々が歩いて渡っていくことです」となっているが、今から考えると誤訳だった。

名人が言わんとしていることは、私のいう「道」と同じ発想、つまり踏まれて生きるのだという陰徳を強調されているのだ。これが私のいう黒子の原則（the principle of invisibility）だ。師も、うなずかれた。しかし、このインヴィジブルという言葉を先に使われたのは名人の方だ。引用しよう。

I think that ideally the interpreter should be as invisible as possible because he or she must not steal the show from....

(通訳者は、自分だけが目立ったりしてはいけませんから、できるだけ黒子に徹するのが理想だと思いますね)

まさにネイティヴ英語。ミュージカルな英語。私が「しごいてください」といったことは、時の英語では Be rough on me. となっている。これじゃ、荒っぽくしてください、という意味でしかない。私はまるでマゾヒストなのか。だから、本人がそう言っているんだからという理由で、こてんぱんにしごかれたことになる。日本語でしゃべっていても、スレ違いがある。いわんや英語においてをや。しかし、英語による師弟対談では、かえってお互いがよりよく見えてきた。それよりも、名人がアメリカで人種偏見と闘い、クラスで英語がトップになったんだと非日本人的に豪語される時は、まさに火の権化となられた。炎の音楽でしかなかった。

英語だからこそ、自己主張ができたのであろう。そこにリズムの転換があった。最後まで聞け、この話を聞くまで、後の質問には答えないから、という剣幕で私にすごまれ、思わず、タジタジとした場面があった。名人は、言葉の通訳だけではなく、文化の通訳を、音楽の調べに乗ってされていたのだ。

通訳者に必要な音感

カラヤンはレガート（なめらかに続けて演奏すること）を重視する。カラヤンのクラシック音楽をCDで聴かせると、それまで黙っていた虫カゴの中の鈴虫たちが歌い出す。なぜ、多くのプロ同時通訳者たちの中で、師として西山千名人を選んだのか。いろいろ理由はあるが、一つ触れなかったことがある。

音楽である。

あの大衆の面前で「知りません」と悪びれずに無知を認められそして、間をとる。そして、もしその時同時通訳をしていたら、こんな英語を使うでしょうと、日本人に聴きとれないナチュラルスピードで話される。その間、ずっとあのニコやかな微笑が続いている。呼吸の乱れはない。動揺の表情もない、音楽だけがあった。まさに、一瞬の出来事だったが、興奮のあまりそれから眠れない日が続く。ようし、どんなことがあっても弟子入りする。もう上京しかない。

あの感動を、あの音楽をもう一度。

今、この原稿を書き上げるため、鈴虫を虫カゴに入れて、執筆旅行に出た。芸術家肌の私は、その時のムードに支配されやすく、思考はコロコロ変わる。白洲次郎と西山千との、表と裏の対決はおもしろいだろうな、と思ったのが数日前だが、今日は糸魚川《いとい》で一泊すると思い立ったのは、昨夜である。白洲にせよ、西山にせよ、一流になる人物は、どの道であれ幸と不幸の対立《コントラスト》の中から音楽を生み出している。このミュージックの波動がカリスマといわれる磁力（マグネティック・パワー）を生む。

松川村を出て、大糸線で糸魚川に向かう。

その車内で、一〇日ほど前の出来事を思い出した。

その日の夜、国際教養大学の中嶋嶺雄学長を囲む、夕食会が催された。大学院担当の教授ばかりであった。大物ばかりで緊張する。そんな時私は、敢《あ》えて故西山千を演じる。教えるより学ぶのだ。腰を低くして、「あのうー、プラグマチックはどう訳せばよいのでしょうね」と、前席のグレゴリー・クラーク前副学長に水を向ける。直ちに「実務的でしょうね」と返ってきた。学ぶより教えるのが好きなタイプだ。隣の中嶋学長が、「実利的じゃないでしょうか」と割り込まれる。私の隣の無口な小松達也教授（サイマル）が、「どう訳しても、日本人の耳にはネガティヴに響きますね」とボソッとささやくように語られる。

さすが、意味論に強いプロ同時通訳者で、めったに発言上のリスクはとられない。そのまた隣で、キャスターとしても著名な、小西克哉教授が、流暢《りゅうちょう》な英語で、中国人教授と雑談をされている。やはり、アルコールが回ると、だれしも緊張がほぐれてくるのだろう。

そこで、私も間をとりながら「僕なら、こうあるべきだといった理想論にとらわれずに考えますと……というふうにぼかしますね」と言葉をはさむ。不思議に周囲が黙ってうなずいてくれた。流れを摑《つか》むのが巧い西山千の風に便乗して、しゃべったままでだ。

名人は、言葉にとらわれない。英語のふるさと言語（ゲルマン系）をいつの間にか、日本語の大和言葉に転換される。まるで魔法使いのように両言語を化学結合されている。

pragmatism イコール実務主義なんかではない。言葉の置き換えなどではない。言葉を物理的に、いや和英や英和辞書のように置き換えすれば、必ず混乱が生じる。

名人は、言葉の裏にある音楽を訳される。こうあるべきかどうかは別にして、現実的に考えて、というふうに、そこには音楽的なレガート（流れ）がある。まるでヴァイオリン演奏を耳にしているような感情の起伏を感じさせる。

西山流同時通訳とは何か、と考え続けて、やっとそこに音楽を見出した。とにかく、ブースの横にすわって、名人の同時通訳を聞いていても、通訳される移行のプロセスが見えないのだ。なぜあんな美事な日本語に、そして美事な英語に変わるのか。どうして、いつの間に。分からないが、それに音楽の流れだけがある。ようし、この流派を、私が引き継いでみせる、と心の中で誓った。あの時の決意は、今も消えていない。

あの天才的な頭脳はどうなっているのか。まず言葉ではない。教室では学べない。英語力の問題では断じてない。バイリンガルであるだけでは、同時通訳はできないのだ。そう、バイカルチュラルでなくてはならない。

二つの異なる文化が衝突したところに、音楽が生まれるのだ。そうだ、フォッサマグナという大きな思考上の「溝」に身を沈めることが必要なのだ。

糸魚川のフォッサマグナ・ミュージアムを、三匹の鈴虫と訪れたのは、西山千という同時通訳の天才の頭脳がどうなっているのか、その謎をまったく違った次元から解きほどきたかったからだ。

かつて、こんな質問を師にしたことがある。前出のエピソードを想い出していただきたい。

「先生、あの integrity とは、どう訳せばいいのでしょうか。辞書では見えないのです」と。

かなり同時通訳も上達していたころであるから、言葉よりもシンボルだ、という師の教えが分かってきたころだった。だから、分からないというよりも見えないという言葉を使ったのである。英和辞書によると、正直、高潔、完全、本来の姿とあるが、どうも見えない。だから通訳できず、当然のことながら使うことなどできないのだ。

territorial integrity（領土の保全）なら同時通訳の時によく使った――覚えやすかったから――ものだが、He shows his integrity. となると、正直さか誠実さかのどちらかを選ばざるを得ない。

ある英和活用大辞典に、こんな訳があった。

Impugn the integrity of the officials concerned
（当該役人の清廉さに問題があると責める）

美事な訳だ。しかしここでは、清廉さに化けている。では、journalistic integrity とは、記者魂だろう。samurai's integrity なら、武士の面目、と訳すべきだろう。

では、integrity のコア・ミーニング（核となる意味）とは何だろうか。核とは、その言葉の持つシンボル・パワーのことだ。

さて、名人はどう答えられたか。

まず黙って、両手を大きく左右に広げられて、インテグリティーの説明（前出）をされた。

ある時と、ある場所と、この時と、この場所が違うことがある。その方が自然だが、この時間的な、そして空間的な隔たりに矛盾のないことが integrity なのだ。

オックスフォード辞書によると、

1　the quality of being honest and having strong moral principles

2　the state of being whole and undivided

その人の言動に裏表のないこと、ぶれないこと、というシンボルが見えてくる。師が、英英辞典で、意味を確かめることですよ、といわれた意味がよく分かる。言葉よりも、その背後にある意味、そしてシンボルを摑まえる。それを時間的に繋《つな》げるには、イメージ・パワーがいる。西山千流派の〝核〟を音楽とするゆえんである。

ブースの中で、となりの西山訳を聴いていても、英語と日本語が結びつかない理由がよく分かる。

よく「文脈でないと訳せないではないか、その単語を使って、短文にして言ってくださいよ」とムッとされることがあったが、なぜ単語の意味の置き換えを嫌われたのかもよく分かる。言葉は、状態によってコロコロ変わるのだ。

たとえば、「黙殺する」という言葉の意味だ。日常会話なら、look the other way で間に合うが、ポツダム宣言を受諾するかどうかといったデリケートな（sensitive）問題になると、日本政府も苦《く》悶《もん》の挙句、黙殺せざるを得なかった。これが ignore と訳されて戦争になったと、編集者たちと、日米口語辞典で解説を加えた。ほとんどコメントをはさまない名翻訳者のサイデンステッカー氏も、この個所にはメモを書き込んだ。この誤訳が戦争に繋がったとは思えないと。師が亡くなる直前に、お会いした。

「やはり、あれは ignore という訳でよかったのでは」と追憶されていた。頑固一徹の翻訳家だった。たしか、杖《つえ》をついておられた。

この通訳をめぐって、異見百出したが、その中でも、西山千名人の訳、give it the silent treatment は秀逸であって、これぞ名訳だと思った。もちろん、氏の訳にも異議を唱える人もいたことは確かだ。「沈黙の処置を与えるということは、だんまりを決め込むことであって、怒りがこもっているではないか」と。

この表現（give it the silent treatment）は、夫婦がお互いに口をきかないという時などに使われるから、おだやかではないと考えているのだろう。

しかし、この意味をよく吟味すると、そこにitがあるではないか。このitが自然に使えるようになるには、かなりのネイティヴ音感が要る。someoneではなく、itとしたところが憎い。私なら、この場合の「黙殺」には、感情抜きのrefuse to answerとしか使えないが、itをさらりと使われる西山訳は、凡人の眼には入らない早業だ。

「前向きに考える」ことが、西山名人にかかるとbe open-mindedに化けるとは。こういう発想の転換の技法は、逆立ちしても、日本の平均的英語学者には思いも浮かばない妙技だ。言葉から離れて見て、考え、通訳する名人は、まさに天才的な音楽家である。

どうして、二つの異なった文化を結びつけるための通訳を、使命と考えられたのか。どうも、名人は、両大陸のプレートにはさまって、海底のマグマが地上に吹き上げられたフォッサマグナの化身だ。同じくダンディーで心意気のあるサムライ事業家の白洲次郎と決定的に違う点はここにある。一言でいえば、音楽の有無である。

二〇〇九年の一〇月一八日、松本で開かれた、国際ロータリー二六〇〇地区大会の会場で、中嶋嶺雄国際教養大学学長が、基調講演をされたが、その中で、私の心を捉《とら》えたのは、「日英文化理解力」という言葉で、私はこれを音楽だと直感した。

氏は、国際化（インターナショナリゼーション）とは、平面的だが、グローバリゼーションは、中国人が「全球化」と訳すように、立体的なのだ。その地球を意識すると、これまでの知育、徳育、体育の三育に、異文化理解教育を加えるべきだと強調された。だから、ディベート（究論）教育、そして私が適任という論理に結びつくのだろう。

白洲次郎氏は、英語で外国人と互角にわたりあった。そしてプライド高きこの日本人は、外国人とディベートをせず、アーギューした。ディベートはキャッチボールだが、アーギュメントと口論は日本人が無意識に用いる強引な論法だ。だが、坂本龍馬の論法はもっとクールで、さわやかだった。それでも異文化間のキャッチボールができる異文化コミュニケーターは日本には少ない。私は、名人こそ駐米日本大使にと、裏で動いたことがあるが、力が及ばず断念した。

一方ホットな白洲は、英国留学を島流しと自嘲《じちょう》的に吹聴するほどプライドの高い男だ。だから、歴史にも名が残る。平均的日本人は、外国人にペコペコする自称国際人を低く見る。英語ができるだけで、スパイではないかと猜疑《さいぎ》心で、怪しいヨソ者というレッテルを貼りたがるところがある。

そういう色めがねで見られるリスクは、ディベーターでもあった名人の方が大きく、社会的地位の向上など望めない。それがくやしいのだ。もったいない。「もったいない人物」を He deserves better.（浮かばれない）と英訳したい。

さて先述の中嶋嶺雄氏なる人物は、白洲次郎氏タイプに属する学者だ。思考が危険なまでにストレートで純粋なのである。そういう人の話は、論理的に筋が通っているので、同時通訳がラクなのだ。

ここで、私が中嶋氏をはじめて知ったアメリカ大使館での同時通訳修行時代に遡《さかのぼ》ってみたい。当時、三〇代半ばの新進気鋭の学者であった中嶋氏が、挙手された。「あの人だ。東京外大の学長だ」と、どこからともなく、私の耳に入った。静まり返った場内で、一匹の鈴虫が高らかに自分の主張を歌っていた。他のジャーナリスティックな国際関係学者と違って、一本の筋が通っている。中国のことはすべて善し、という当時の空気に逆らって、堂々と中国警戒論を説かれている。その一貫性は、西山名人なら integrity と表現されるだろう。

あの若さで、しかも筋を通されている。日本で大手メディアを敵に回しても微動だにしない、国際的に通じるサムライ論客として威風堂々たるものがあった。たしか、私が日英の同時通訳を務めたと思うが、まったく苦労なく訳せた。なぜあんなにスラスラ同時通訳ができたのか。その謎を探るために、三七年ぶりに私説を拝聴することにしたのだ。そして発見した。そこにソナタの流れ（レガート）と思考の発展があった。

西山流――それは同時通訳に音楽の流れを織り込むことであった。西山流の同通を一番高く評価された、異文化間コミュニケーターの一人であられた、ＩＣＵの斎藤美津子教授は、小松達也氏に言わせると、サイマル文化の産みの母ということだ。

ブース内の通訳同士のコミュニケーション理論を打ち立てられたＩＣＵの同教授は、二人の通訳者の呼吸が合えば成功、合わなければ——非協力的（足の引っぱり合いなど）になり失敗に終わると。両者の呼吸（chemistry）を合わせることが不可欠だとされていた。ヨーロッパの同時通訳業界からも、女史の説は異端視されていたが、これは人間の「個」を大切にする西洋の物理的思考と、人と人との「間」、すなわち、呼吸の〝和〟（chemistry）を大切にする日本人の化学的思考の差であろう。

アメリカ大使館での人間関係は、確実に前者に属する。二人の同時通訳者間の「情」——友情や仁義を含め——を捨てても、機械になり切ることが、プロとしての証明になるということだから、考えてみれば淋《さび》しい発想だ。

その場に純日本的な私が巻き込まれていたのだ。西山千は、もう老けている。あの人の後釜《あとがま》が務まりますか、と上司から質問されたら、「あんなおじんならこの若い私の方ができます」といえば、合格。英語の報告で彼はイエス・アイ・キャンといったと証拠だけが書き込まれる。私はノウ（名人の後釜なんて）といった。「もう一人の人はYESと答えたんですよ、だから残ったのです」、と言われた時、アメリカ人は言葉の裏を理解できない、機械のような人間だな、と思った。そして、私は去った。今、振り返ってみると、つらかった。

本当の心痛は、私ではなく、師の西山千を襲ったのではないか。名人が「アメリカ人は、通訳者を機械だと思っている。こわれたら、取り換えればよいという発想だ」と吐き捨てるように私に語られた。その言葉の裏は何であったのか。

こんなところにあんた（私）を推挙したオレは間違っていたんではないか。ゆるしてくれ、と心を痛めながら、「おまえは見習い期間中なのだから、早く機械になり切れ、機械になれ、機械になれ」と、心の中で泣きながら、私にムチを打ち続けてこられたのだ。その心中、察するに余りある。

では名人が通訳人生で一番楽しかったのはどういう時であったであろうか。ブースから離れて、大衆の面前で師のライシャワー大使の通訳を務められた時ではないだろうか。お互いの音楽と言語を何度も聴いているから逐次から同時通訳に変わっても、ラクなのだ。ライシャワー大使と西山千の掛け合い漫才的なパフォーマンスは、余興としても通じるものがあったらしい。そして、恥をかくリスクを踏まえながらも、大衆の面前で、堂々と同時通訳の披露をされるときは、まったく氏の独擅場としてのニシヤマ・オン・ステージになる。

私もこの流派を受け継ぎ、講演場では、見せ太刀のつもりで、一五分以内の同時通訳のデモを聴かせる。そのために、いかに即興同時通訳といえども、最近は一〇分ぐらいの打ち合わせをする。そして、相手の思考の「流れ」（今なら音楽と呼ぶ）を摑むのだ。あとは即興。

楽譜（スピーチ原稿）を予《あらかじ》め入手して、調べ上げたうえでの同時通訳は、ブースの中や、テレビの放送局のスタジオでなら許されても、大衆の面前では、なかなか許されない。その点、出たとこ勝負で同時通訳をされた西山名人の手腕と勇気は見上げたものだ。

そこでふと思うのだが、予め話し手の「音楽」（楽譜以外に話者の話し方、間の取り方、思考の繋がりなどを含んだトータルな人間像）をどう盗むのか。私は、ひそかに学びとるという意味で「盗む」という芸能界用語を好む。日本で、同時通訳とディベートを競わせる最もタフな実用英語検定試験といえば、私がこれまで四半世紀近く続けてきた発信型英語力を測るICEEだ。この試験を「お祭り」だと私が定義するのは、英語のコミュニケーション能力の順列を決めるのが目的ではなく、お互いがお互いの発信力英語《コミュニケイティヴ・イングリッシュ》の技を盗みあう（柔道でいう乱取り稽古《けいこ》）ことを目的としているからだ。

西山流コミュニケーション術

名人は、石橋を叩《たた》いて渡るほど、神経質な異文化間コミュニケーターであった。大きな会議が近づくと、その緊張感が周囲にも伝わる。とくに、ブースに入る直前となると、まさに戦場に出掛ける寸前の兵士に豹変《ひょうへん》される。あのにこやかな表情が時には夜叉のような忿怒《ふんぬ》の表情に変わる。それは、いかなる会議でも、気を抜かないぞ、という覚悟の表れでもあり、怖さを知っている真のプロの表情なのだ。

いったい何を恐れておられるのか。

通訳者になって引き起こされた誤解やくいちがいなのだ。

こだわり（refusal to compromise＝妥協の拒否）がある。この点で、同じ名人といえども、西山名人と村松名人との間には隔たりがある。

西山名人は、カタカナ英語警戒論者である。通訳者や翻訳者にとり、カタカナ英語は地雷を踏むようなものだ。この点に関し、名人は、「カタカナの単語を英語と思ってそのまま使うと、まちがった意味に受け取られる危険がある。英語は元の意味から発想して使うこと」と述べられる。

たとえば、ナイーヴという英語（日本語？）である。デジタル大辞典によれば、ナイーヴ（naive）は、飾りけがなく、素直であるさま。また、純粋で傷つきやすいさま。「〜な感性」「〜な性格」。これは、まさに、日本人が誤解していることも知らずに使っている言葉だ。たしかに、古フランス語の naif（生まれつきの、自然のままの）は、語源的に naive に近づく。しかし、実際に使われている意味は、九〇パーセントはネガティヴだ。純粋な、うぶな、だまされやすい、は、日本ではかなりポジティヴであろうが、繊細という意味で You're naive. なんて使うと、ケンカになってしまう。私は、英語のナイーヴは、「能天気」だと生徒たちに教える。覚えやすいからでもある。

こんな時名人は、英英辞典を引かれる。氏は英英辞典を手に持っておられた。OED（オックスフォード）を引くと、のっけから showing a lack of experience, wisdom, or judgment と出てくる。これなら、まるでズブの素人で、阿呆《あほう》という意味になる。そんな意味で使ったんじゃない、と自己弁護する前に、英英辞典を使うことを勧めたい。

さて、この西山流と、違った流派に属するサイマルの村松増美氏は、カタカナ英語を、英語もどきと考え、慎重に訳すべきだと述べられる。たとえば、スキンシップという和製英語がある。村松氏は、これなんか、kinship（親近感）と音感的に近いので、skinshipとして逆輸出してはどうか、という過激な思考の持ち主だった。

分からないでもない。勇ましいから、多くの日本人は、溜飲《りゅういん》を下げるだろう。しかし、私が属する西山流は、あくまで発信者よりも受信者の立場にウェイトを置く。

皮膚、皮――という語感に違和感を覚えるのだ。to skinとは「皮を剝《は》ぐ」というよりも、詐欺などでだまし取るという意味がある。Sの語感に、私はこだわる。spin, scam, swindle（以上はすべて詐欺）。smell, stink, suckは、すべて「胡散《うさん》くさい」ものばかりだ。

It sucks.は、映画などでよく耳にするが、最低！という意味だ。こういうネイティヴ感覚を大切にするのが西山流であるから、私も門下生として、意味論を大切にする。

スキンシップは、physical contact、あるいはtouching（外国には、日本と違ってtouching cultures が多い）でいいではないか。ネイティヴの音感も自然に響く。触れ合うことを好むtouching cultures に屈する。その方が、音楽になる。

スミマセンの意味

名人と私の間ででも、くいちがいが生じ、かなりの期間、しこりとして残ったものだ。他章でも述べた、謝罪をめぐるくいちがいである。

日本人の使う「スミマセン」がコロン（残心がある）であるのに、アメリカ人にとり、ピリオド（契約は終了したし、謝ったし、これ以上触れるな）である。継続ではなく、断絶なのだ。しかし、日本人のスミマセンには、謝罪に感謝が含まれる（残心の一種）こともあり、その点、きわめてファジーなのである。

「スミマセンと言っただろう」とか、「相手も謝っているんだから」という表現に見るように、スミマセンと言った相手には、これ以上責めてはならないという不文律がある。日本人のスミマセンは、このように定義しにくいのである。

師は、私に頼まれた英文の挨拶《あいさつ》文が、一か月たってもできなかった。だから頭を垂れて、スミマセンと謝罪された。

そこで名人のguilt（罪悪感）は消えた。明治人間らしき恥意識が残っていたのかも……

私もいいですよ、と許した。だからguiltは晴れた。だがその直後に、「いや、あと一週間待ちます」と加えた時に、名人の表情は鬼のような形相に変わり、「なに、一週間でやれとは。失礼じゃないか」と、私を面罵《めんば》される。

狐につままれたような気になった。私はこの人は日本人なのか、ガイジンなのか、理解に苦しんだものだ。今にして考えれば、名人の guilt に対し、私は shame に臨んでいたのだ。

私の師の西山千の挨拶文が戴《いただ》けると聞いて、雀躍《じゃくやく》した多くの大阪英語道場の面々が浮かぶ。名人も、その弟子の私も、面目を失う。だから、ピリオドじゃなくコロンで「あと一週間待ちますから」と惻隠の情を示したはずであり、私にとり、まさに武士の情（face saving out）であったのだが、クリスチャンの名人にとり、罪の告白をし、私もそれを認めたのに、それを accept（受容）せず、いきなり新しい契約を始めるとは言語道断じゃないか、という怒りとなったのだろう。いや、クリスチャンのギルトではあるまい。

明治の小村寿太郎は、外国の高官とのアポに遅れ、面目を失うところだった。その時、恩師から賜った、命と同じほどの金時計を叩きつぶし、「時計がこわれたからだ」といって、遅刻したことを詫《わ》びなかった。すぐにゴメンネと謝る今の人は、「潔くない、オジン」と吐き捨てるかもしれないが、当時の大物は挙《こぞ》って絶賛する。いとも簡単に非を詫びる人は、面子《プライド》のない男とみなす空気が、戦前の日本人にはあった。

同時通訳ができなかった時に「マイクが入っていなかったから」といって、名人が激怒したのも、明治人気質の顕《あらわ》れだったのかもしれない。小村寿太郎と同じく、名人は謝罪を恥とみなす、古き武士だったのだ。

いずれにせよ、名人は、「一刻も早くこういう問題を解決できる識者によって誤解を解消する必要がある」とご自身の著書の中で述べている。こんな時には、識者はいないものだ。それに代わるものは、ディベート（究論）であったはずだが、入館当時の私にとり、雲上の人である名人と対等に語り合える心の余裕はなかった。「間」（距離）がそこまで縮まっていなかったから生じた悲劇だろう。こんな師弟間の不協和音を今ごろになって露呈することは恥ずかしい。もっと早く両者が徹底的に目をそらさずに究論すべきであった。私が未熟者であったがために、その勇気がなかった。

罪か恥かを超越する眼

名人は、眼を大切にされた。

人の顔を見なさい、ブース越しに話者の表情を読みとりなさい、というのが、西山流の教えだった。言葉そのものよりも、言葉の意味、さらには、言葉が表すシンボル。そのシンボルを繋ぐイメージの流れ――音楽――を大切にされた。

人の眼が見られないのは、心の中の罪《ギルト》なのか、人の眼を気にしている恥《シエイム》なのか、分からない。しかし、その共通点は眼にある。心にやましい（ギルティー）ことがあったり、周囲に目が向けられない（アシェイムド）ときは、人の眼が見られない。だから、「彼にはやましいところがある」を訳す時は、私ならHe won't look others in the eye.と同時通訳することがある。

ディベート用語にescape between two hornsという言い回しがある。巧みな論客は、相手を追い込む時に、AかBのどちらに答えても相手が不利になるような質問（たとえば誘導尋問）をする。そんな時、AでもなければBでもない、というふうに逃げる方法がある。Aという角にもBという角にもひっかからない逃げ道といえば、両方の角の間をくぐり抜けることだ。

名人は、敢えてビッグワードを好まれない。それには理由がある。両角の間をスルリと逃げるミュージックという〝妙技〟があったからだろう。ビッグワードは概念がはっきりしているだけに、逃げられないことがある。そのことを意識しながら、ある経済学者の同時通訳をしていた。たしかに、psychic income（心理的収入）というのは、経済用語にある。同時通訳者の仕事も、あまりお金にならない――準備段階に費やす時間的ロスを考えれば。だけど、やったあ、という達成感は、金銭に還元できない収入になる。

私はこれを「心の収入」と、敢えて平たく訳してみた。その時、ブースの隣にすわっておられた名人が、うーん、よろしいと大きく首をタテに振っておられた。嬉しかった。こういう心の臨時収入などもサイキック・インカムに繋がる。

名人は、言葉そのものより、身振りなど、言葉の周辺を大切にされた。私への教えにも、言葉に関する情報はほとんどなかった。

「松本さんも、人に頼む時は、相手の眼をじっとにらんで、固く握手するんですよ。遠方からのお客さんに対しては、『カバンをお持ちしましょうか』と聞く前に、黙って持ってあげるのが、気配りですよ」

一流の同時通訳者になるには、まず一流の人間になれ、というのが名人のメンタリング（指導）であった。メンターとは、信頼のおける助言者のことで、コーチングと同じく注目されている。

その点、名人はコミュニケーターであり、「教」だけの人ではなく「育」の人、つまり真の教育者でもあった。同時通訳により生じる被害を最初の段階で未然に防ぐための、危機管理の術《すべ》を教えていただいた。その意味で、メンター西山は異文化間クライシス・マネージャーでもあった。とっさの時に、頼りになる通訳者といえば、英語の使い手に限る。だから、西山千名人に、GHQから、そしてアメリカ大使館から声がかかったのである。

これこそ、芸を売る忍者にとり最大の名誉といえるのではないか。芸が買われたのだ。たとえ白洲次郎にとり売国的ではないか、と映っても私は弁護できる。日系米人は、技術で自己を宣伝し、自己の能力に、売り値をつける。霧隠才蔵タイプの忍びに進化しやすい。白洲次郎の気質を考慮すれば、真田幸村に仕える猿飛佐助型の参謀になるだろう。司馬遼太郎なら、忍びの世界（さしずめCIAやFBIのインテリジェンス・コミュニティ――となる）では、そのように、二つに色分けし、前者を伊賀忍者タイプ、後者を甲賀忍者タイプと定義されるだろう。

通訳者をこのように色分けすることは、これからプロの通訳者を目指す人々にとっても、重要な決定事項になる。

西山千名人は、英語も日本語もうま過ぎた。

嫉妬されて余りある、語学の天才だ。それが名人の不幸の理由でもあった。周囲の英語の使い手を、みじめにさせるぐらいの見事な英語力、コミュニケーション能力がじゃまして、テレビで英語を教えるような仕事には到底ありつけない。

二つの祖国を持つ名人の不幸

同時通訳者としては、最も恵まれた名人は、バイリンガルでバイカルチュラルでもあったから、この業界では天上の人であったことは間違いない。

しかし、それゆえの名人の孤独を知る人は、だれもいない。名人は、神様じゃない。血の通った人間だ。悩みの多いホットな人間なのだ。

山崎豊子女史の小説『二つの祖国』でも、かなりホットな入れ込みで協力された。ご本人の生き様とも重なる内容でもあり、two fatherlands というよりも、two legacies（祖先の遺物）が相応《ふさわ》しい、という日本人離れのコメントを聞けば、名人自身の痛ましい過去に裏打ちされた疼《うず》きと呻《うめ》きが伝わってくるようだ。二つの文化的遺産を持った人間だけが、通訳者になる資質だとすれば、白洲次郎も私も不適格者だ。私など、さぞ扱いにくい部下であっただろう。名人の本質的な苦悩は、次のくだりからもうかがえそうだ。

「お前はアメリカ人だ。だからアメリカに忠をつくさなければならない」と一世の親は二世に教えた。私がインタビューした二世たちは、ほとんど全員が「親からアメリカに忠誠をつくせと教えられた」と話してくれた。この話の影響は大きかった。（西山千『真珠湾と日系人』サイマル出版会）

この話は、直接に本人から伺った。日本とアメリカなら、まずアメリカをとる、といった発言は、私の前ではなされなかったが、お前は日本人だ、大和魂を忘れるんじゃないぞと叩き込まれた、という話は、コーヒー・カップを傾けながらたしかに仰《おつしや》られた。一方、二世の親たちである一世の日本人は「忠孝」を二世に教えた。親に孝であると同時に、国に忠でなければならない。その「国」は、当然アメリカである。

西山千はアメリカ人だ、という意味（多くは、アメリカ大使館内の職員から）にたいし、私は反対の立場に立つ。

いや、日本人だ、と。名人は、日系米人の中でもとりわけ、一世であった父への思いが強い。とくに、日系一世で伝説上の人物となったフレッド・ワダ氏のことを熱く語る。

フレッド・ワダは一九〇七年にワシントン州で生まれ、四歳のとき母に連れられて日本に数年滞在し、それからふたたびアメリカへ戻って一六歳まで学校へ通った。（中略）戦後はまた果物、野菜などの店を始め、二、三年のあいだに一九店も経営するようになった。（中略）戦後はまたスへ移転し、一九四九年に日本の水泳選手団が戦後最初に渡米したとき、ワダ夫妻は彼らの宿泊と食事の面倒をみた。そのとき日本の古橋廣之進選手などが世界記録を樹立して、世界の水泳界を驚かせた。（中略）日系の老人を世話する敬老ナーシング・ホームの創立に指導的な役割を果たし、ロサンゼルスのこの大施設のための募金を設け、福祉事業の恩人にもなっている。

（『真珠湾と日系人』）

名人とコーヒーを飲んでいると、よくフレッド・ワダの話が出る。私もリーダーズ・ダイジェストやタイム誌で知っていたので、興味深く聞いた。アメリカ大使館を去ったあと、ＡＬＣとのご縁で渡米した折に、フレッド・ワダ夫妻に会った。夫は認知症を患われ、あまり当時の話で花が咲くことはなかった。「あんなにシャープで仕事の鬼だったのに」と淋しそうに語る夫人にお世話になった。ロスの街内・街外の隅々までドライヴをしていただき、当時のオリンピックの裏話や、子供たちがアメリカ人と結婚して巣だっていくのはいいが、家族がバラバラになる国際結婚はよくない、というホンネ・トークまで聞かせていただいた。鈴虫と同じく、メスは強い。

その点、名人は国際結婚の経験はなく、最後まで一人の気丈な日本人女性を大切にされていた。病床で伏している古女房を最後までひとりでひっそりと看病されていた古風な日本男児であった。ひとり娘を失い、糟糠《そうこう》の妻にまで先立たれ、たったひとりになっても、だれひとりにも声をかけずにひっそりこの世から去った。霊巌洞にとじこもった晩年の宮本武蔵の心境だったのだろう。西山千は日本人だった。そしてサムライだった。名人がアメリカに恩義を感じ、そのために尽くしたとしても、それがゆえにアメリカ人だとは思えないのだ。やっぱり立派な大和魂の持ち主だった。

バイカルチュラルな名人は、忠と孝を重んじ、武士道を実践された純日本人だったのだ。クリスチャンのアメリカの女房から影響を受けた新渡戸稲造博士や李登輝《りとうき》と同じくらい、いやそれ以上の武士ではなかったか。目立たざる点、より葉隠武士的であった。

こんな傍証もつけ加えておこう。フレッド・ワダという日系米人はどんな人物であったのだろうか。名人がその怪人物のどこに惹《ひ》かれていたのか。日米親善に貢献した偉人？　それだけではない。

フレッド・ワダ氏の次の挨拶のことばだ。

わたくしのようなシンプルマンが分け前以上の成功を収め得たのは、誠意ある友人のおかげというほかはありません。わたくしは今晩ほど日本人であることを誇りに思ったことはありません。わたくしは今後とも全力を尽くして高齢の人々が気持ちよく余生を送れるようにするために頑張ることを皆さんにお誓いいたします。こうした福祉施設を保有しているのは、世界中でもユダヤと日系社会だけです……（『祖国へ、熱き心を』高杉良、講談社文庫）

この個所を読んで思い出すのだが、名人がアメリカ大使館内で日本人の福祉向上のための葵会《あおい》という扶助組織を設立するためにかけずり回られたことがある。

その延長で、通訳（機械）を通訳者（人間）にまで向上させられたのだろう。

更に言うならば、私によく語られた次のことばだ。

「松本さん、日本人はもっと日系米人を大切にしないといけません」と、日系米人に関する本を私に貸してくださった。

三〇歳ほやほやで、見習い期間中の私にとり、日系米人を味方にせよという名人の真意が見えなかった。正直言って、日系米人は、私には、苦手で煙たい存在でもあった。やっかみもあったのかもしれない。日本人と同じ顔をしていながら、ネイティヴ並みの英語を使うやつらというゆがんだ心象を隠すことができなかった。

もし、名人が息を吹き返し、日系米人のメリットを語られるなら、私は敢えて、デメリットを強調して、互角の勝負に持ち込むかもしれない。

どれだけ、戦後のどさくさに便乗して、アメリカのＣＩＡが日系米人をスパイとして利用したのか、それら悪行の数々を挙げることができる。春名幹男の『秘密のファイル――ＣＩＡの対日工作』（新潮文庫）を読んでいると、あの二股膏薬《ふたまたごうやく》的な日系米人を許すことができなくなる。

もし、名人と私がこの点でディベート（究論）をすれば、必ず目を輝かせて反論されるだろう。

「いいですか、松本さん、あの人たちは好きで諜報《ちょうほう》活動をしたわけではないのです。忠誠を誓ったアメリカに尽くすことが、自暴自棄になっていた日本人を救う唯一の道、つまり大和魂だったのです。アメリカは、当時、いかに効果的に、そして平和裡《り》に日本の戦後処理をするか、という大義名分に燃えていたのです。決して、日本に対する裏切りじゃないのです。理解してやってください。日本人以上に日本人のことが分かっている、忠義の人たちばかりなのです……」と。

師弟間の究論《ディベート》は、両極端にならない。極論は、中央に収斂《しゅうれん》されていく。名人と私の間には、まだまだディベートをする課題が山積していた。純血の日本人である私は、白洲次郎に近い立場にあるのだが、究論《ディベート》をすればするほど、西山千というバイカルチュラルなサムライに惹かれていくのだ。

西山千の言葉

西山千の下で教えていただいたことは、さまざまな機会それぞれに、今の私の根幹を形作っているといってよい。

「内容を把握すること。言葉を追わぬこと」

「発音ははきはきと。常に聞く人に関心を傾けさせようと気を配ること」

「『まあ』という癖は一刻も早くなくす。相手にリラックスし過ぎているという印象を与えてしまう」

「文章をもっと少なく、短く区切ること」

「日英の練習をする必要がある。日本人には日本人の英語があってもいい。村松、國弘両氏の英語は最高級。よく聴いてポイントを把握するように」

これらの言葉は私が常に心がけていることとなっている。

しかし言葉から離れた根性論に及ぶと、ご本人がお書きになったことと、矛盾する発言が増えてくる。思い出すまま、書き綴《つづ》ってみよう。

「同時通訳は、厳しい『行』なのです。学校の授業なんかでは学べません。人生経験をつむことです」

「明日、原子力関係の同時通訳をやってください、と松本さんが頼まれたとき、血相を変えて僕のところへ泣き込んできましたね。その時、逃げないでやりなさい、僕なんか一〇時間ぶっとおしで同時通訳をして、鼻血を出してぶっ倒れましたよ、その時、やっと、通訳というものが分かりました、といいましたね。サイマル・アカデミーの学生さんにはこんなことはいいません。松本さんだからしごいたのです。そして『しごいてください、とことん付いて行きます』といったのは松本さんご自身です。逃げられないのです。人生には、泣きも笑いもあるんですよ。笑いだけの人生なんてありません」

「今日は僕がおごります。通訳者は卑屈になってはいけません。胸を張って戦っているのです。だから一流のレストランを選んだのです。別に、ウドンやソバでもいいのですが、プロという気概を示すには、ある程度の見栄も必要なのです。一流の場所で、一流の人の前で、少しでも卑屈になってはいけません」

第六章　現代の同時通訳

ＩＴ時代の同時通訳者たち

今グーグルが独り勝ちしている。名誉会長である村上憲郎氏は、三〇歳から英語を学ばれた語学の天才だが、私と初めて会った席で、「驕《おご》れる平家、というか、グーグルだっていつまでもチャンピオンの座が守れるわけではない」と、謙虚に語られたが、同時通訳という業種が「花形」とされた三五年前は、インターネットやパソコンという時代ではなかった。同時翻訳という言葉もなかった。

「機械が同時に翻訳するって、そんなバカな。機械に人間の心なんかが分かるはずがない」――人々は好き勝手なことを口走った。

しかし、このＩＴの時代、翻訳・通訳技術も急速に進化している。

林信行氏は述べる。

――たとえば「Spirited Away」と入力して「千と千尋の神隠し」、「小泉八雲」と入力して「Lafcadio Hearn」と翻訳してくれるのはグーグルぐらいであろう。

このようにグーグル社では、一見関係ないように見えるサービスでも、すべては根底でWeb上の情報、知識の解析（整理）活用という同社のミッション・ステートメントにつながる形で連携し、一つのサービスの質の向上が全体の向上にもつながる仕組みがある（『進化するグーグル』青春出版社）。

恐ろしいことだ。さらに恐ろしいことには、ライバル会社のマイクロソフト社などは、検索技術の開発に他社を上回る研究開発費を投じると宣言している。グーグルはこんな挑戦に乗らない。マーケティングの時代ではない。ウイルスのように、自然体で自己増殖していくのだろう。

では、かつて華やかなりし、同時通訳者たちは仕事を失っていくことになるのか。どっこい、そうはいかない。通訳者たちは姿を見せないバクテリアなのだ。不幸にもバクテリア的に広がった日本通訳協会は、雲散霧消したが、ボランティア通訳者に対する要請は今も増え続けている。バクテリアは滅びないらしい。自然発生するからだろうか。

三五年前、雨後のタケノコのように繁殖した同時通訳サービスの企業体は、多少の紆余《うよ》曲折があろうとも、すべて今も健在だ。

サイマル、ISS、私が入社したインター・オーサカ（インター・グループ）、そしてディプロマット、JCS、コングレ等、ライバル会社が鎬《しのぎ》を削っている。滅びるどころか、ますます通訳者へのニーズは高まり、大学院にまで広がるなど、通訳養成期間は確実に増えつつある。

ISSから独立したディプロマットの原不二子氏は、こう述べる。

日本では長い間通訳研究がありませんでしたが、最近では、青山学院大学、国際キリスト教大学、上智大学、津田塾大学、立教大学などで通訳のコースを提供しています。将来、国際会議の通訳者としてプロフェッショナルをめざす人は、大学院レベルの専門性と語学力、それに匹敵する通訳術を身につけることが必要です。社会人なら、ディプロマットなどの通訳学校を経て、たとえば、カリフォルニアのモントレーインスティチュートや、イギリスではロンドン大学、バース大学、オーストラリアのモナッシュ大学で通訳翻訳修士課程の門を叩《たた》くのも一つの道です。

ＩＳＳのときの教え子で米国で会社を作り活躍している鈴木マイヤーズさんによれば、モントレーは留学経験のない人やすぐに通訳にはいる力がない人のために、一年間の修士課程の前にサマーコースが用意されています（『通訳ブースから見る世界』）

この鈴木マイヤーズさんは、私の教え子でもあり、いつの間にか、全米ナンバー・ワンのプロ通訳・翻訳者になっている。頼もしいかぎりである。そういえば、学生時代からの彼女の学習姿勢は傑出している。帰国するたびに紘道館に顔を出してくれるが、英訳力（情報力）は輝きを増し続けている。通訳・翻訳がサービス・ビジネスになれば、情報の付加価値が加わるから恐ろしい。

アメリカの自動車業界、そしてIT業界の現状に関する裏の情況は、プロ通訳者にはつつ抜けである。たとえばスティーヴ・ジョブス、ビル・ゲイツの最近の戦略に関しては、通訳者ならなんでも知っている。通訳者は忍　者《シャドウ・サムライ》なのだから。そしてヒューミント（人間そのものに関する裏情報）の入手もお手のものだ。情報を制するものは、世界を制するという。その情報のほとんどは言語情報である。世界言語の中でチャンピオンといえるグローバル言語といえばやはり英語である。英語に対する需要がある限り、ローカル言語との橋渡しが必要である。

通訳・翻訳家は、複雑化する世界の情報戦争の中で、ますます必要になっていく。情報戦国時代の通訳者たちは、まさしく忍びの者なのである。忍者の社会には法律はない。しかし「掟《おきて》」がある。その不文律に関しては、西山千名人から叩き込まれた。通訳者はサービス、だれかにさぶらうサムライだから主役ではない。講演者が飛行場に着いたら、「カバンをお持ちいたしましょうかじゃなく、黙ってカバンを持ってあげるのがサービスで、われわれが示すべき礼儀なのだよ」と教わった。

遠山豊子氏（ISS）は、『入門　通訳を仕事にしたい人の本』（中経出版）の中で、通訳者は自営業者であるという自覚を失わず、人との接し方に留意すべきだという。その大前提に立ったうえで、クライアントやエージェントに気に入られようと節度を越した売り込み活動をすることを戒めておられる。

彼女自身、クライアントからの要請で、「知り得た情報や知識は決して漏らしません」という旨の念書を何回か書いたことがあると、ご自身の体験を通じて、通訳倫理を説いておられる。守秘義務だけではない。エージェントとの頭越しの契約はルール違反なのだ。その辺に関して、サイマルの小松達也氏は通訳者全体の地位向上に心血を注いでおられるだけに、この倫理にはうるさい。

忍者、そして女性の通訳者を私は広義の意味でくノ一と呼ぶ。そうした忍びの者でさえ、見えざる倫理規定がある。隠密行為をしているくノ一が、鞍替《くらが》えして気に入ったクライアントに身を委《ゆだ》ねることは節操の欠如を意味し、小松氏の言葉を借りれば、娼婦《しょうふ》同然ということになる。

私も米大使館を離れたあと、独自に通訳の仕事を引き受けたことがある。サイマルからクライアントに対し、スピーチ原稿がなければ同時通訳の仕事は受けないと断られたのでよろしくと、私のところへと仕事が回ってきたことが度々あった。経済学者のラビ・バトラ教授はインド訛《なま》りがあるうえにテキストを出さないという理由でサイマルに断られるらしく、クライアントから直接に私のところに同時通訳の依頼が回ってきたことがある。ラビ・バトラ氏とは知り合いで、速読による情報収集はすませていたので一時間ぐらいの英日の同時通訳はさほど負担でなかったが、今考えてみると、忍びの世界のルールを乱したのかもしれない。

小松達也氏から、倫理のことを指摘された時に、この時のことを思い出して、たとえ組織に属さない一匹狼だとしても、通訳業界の秩序を乱したのではないかと考え、内心忸怩《じくじ》たるものを感じた。

通訳の世界は、いまも魑魅魍魎《ちみもうりょう》の世界だ。バクテリア同士の死闘の場でもある。しかしバクテリアは永遠ではない。永遠なのは悪魔《サタン》を代表するウイルスだ。通訳者に内心憧《あこが》れながら、少しでも透明性から脱走を企んだプロを闇の世界へ引き戻そうとするオドロオドロしい存在だ。その名は、人間の嫉妬《ジェラシー》である。

同時通訳とディベートは二卵性双生児

英語を武器とする国際コミュニケーションのプロになろうとすれば、このウイルスという強敵以外に二つの難関がある。通訳とディベートは、プロにとり前門の虎、後門の狼といえよう。

一つの災を逃れても、またもう一つの災いが襲ってくる。オレ（私）は英語が大好きで、英語だけでコミュニケーションができる、日本語を使って通訳を学ぶ必要なんかない、と思い上がっていれば、プロ・コミュニケーターの第一の資質であるサービス（奉仕の精神）を欠くことになる。

まず、この虎を退治しなければならない。滅私の精神は、Sワード。self-sacrificing spirit、それが目上にさぶらう（serve）、侍（samurai）の意地（self-esteem）である。この滅私（self-denial）を水の spirit とすれば、強烈な自己肯定（pride）という火の spirit は、炎の鬼火に化ける。

私がやらなければだれがやる。If I can't, who can? というプライドは、ヨロイをつけて死地に赴くのだという古武士の覚悟に似ている。自分の意地を周囲に誇示しなければならない。いわゆる自己責任（personal responsibility）とは、外すことができない仮面である。ギリシャ語でいうペルソナは後者の仮面（マスク）のことであるから、personality そのものである。character は見えなくてもいいが、personality とはマスク（ペルソナ）と同じく見せなければならないものだから、つらい。このPワードである pride を試す方法がディベートである。ものごとを二つに分ける。肯（pro）定（con）というように、あるいは表（理想）と裏（現実）のように。ビル・ゲイツが国際会議で、「インターネットのお陰で、人は幸せになった、情報格差はなくなった。私は慈善家だ」といえば、プロ同時通訳者は「素直に」訳さなければならない。そこには一点の疑いがあってもならない。黒子《くろこ》なのだから。

ところが、ディベーターという仮面をつけたプロ・コミュニケーターは、どちらかといえば、語られた表の情報を光（light）とみなし、その裏の影（shadow）の部分を同時に見る。LとSを同時に見て、分析し、想像し、反論するのがディベーターの意地である。「素直」という価値観で育った日本人にとり、つらいことだ。

だれだって、ビル・ゲイツの発言に光を当て、反論者の立場から「インターネットのお陰で、デジタル・ディバイドが生じ、不幸になった人が増し、情報格差は反対に広がった。ビル・ゲイツの慈善行為は、本当に資本主義を救うことに繋がるのだろうか」と影の部分ばかり追う人は、ひねくれた人だと思われるに違いない。いやそれがディベーターに必要な、critical thinking である。

日本語に訳しがたいコンセプトだが、この言葉には二つの概念がある。一つは「批判的」、もう一つは「即座に」という側面だ。とっさの思考は通訳者に必要とされる資格でディベーターにとっても不可欠な要素であるが、第一の「批判的」思考は、通訳者にとり邪魔になる。

だから、女性の英語の使い手の中には、「ディベートは嫌いだが、通訳が好き」という人が多い反面、男性の英語のプロには、ディベートは好きだが、通訳は嫌いという人が多い。このように通訳とディベートの間には、水と油、女性的、男性的と、両者の間に壁（China wall）がもうけられてしまう。

私はこの点に疑問を持った。自己否定と自己肯定は、さほど相反する視座なのだろうか。いや両者は相反するがゆえに、補完関係にあると思うのだ。これを磁石の原則（magnetic principle）と勝手に名付けている。

発言者との打ち合わせも、一〇分間のディベート思考で、一時間ぐらいの同時通訳はラクラクとできる。今でも私は、実践している。同時通訳とディベートが「瞬発性」（spontaneity）と「創造性」（creativity）で両輪の如しであることを説明するために、新しい妙技を開発した。それは、講演に先立ち、ネイティヴ・スピーカーと数分ぐらいの打ち合わせで、一〇分ぐらいの同時通訳を行い、その直後に、その話者と一〇分間ぐらいのディベートをするという余興だ。

大衆の前で恥をかくという勇気――人は厚顔と呼ぶだろうが――は、師の西山千譲りのものだ。

人形遣いが身につけていた黒い衣服と頭巾《ずきん》を脱ぎ捨てて、急に、二役を演じるようなもので、観客の眼には一種の奇術か歌舞伎のからくりのように映るはずだ。これも私にとり「行」になるのだ。あの世に行かれた、名人の視線を意識して師の芸域に一歩でも近づこうと、私なりに懸命な努力を重ねているつもりだ。「行」とはつらいものだが、慣れてしまえば、毎朝の洗顔や、習慣的に当用日記を書くのと同じようなものだ。

新崎隆子を育てたのはディベート

同時通訳がディベートと同じという、もう一人のプロがいる。若手のNHK同通プロの新崎隆子氏だ。

「同時通訳の準備をするたびに、ディベートのための準備をしていたころを思い出します」

恐怖のディベート練習で知られた神戸大学のディベート・チームの中でもひときわ目立った、女性ディベーターであった。負けず嫌いな（プロ同時通訳者の中には負けず嫌いが多い）彼女は、二人制ディベートで北九州チームに負けた時は、泣きながら、ジャッジに理由を教えてほしいと訴えたという。話をよく聞き、ブログで逆転判決を下したが、その理由は、ジャッジの資格を問う私のcritical thinkingから発したものだった。

新崎氏と外国人記者クラブで昼食をした時、抑えていたくやしさが湧きだしたよう（welling up）に、当時のトラウマを語り始めた。

とにかく、ディベートに必要なすべてのポイントで、相手チームを論破していたのに、敗れてしまった。その判決理由が「英語の発音が北九州チームが上だったから」というもの。聞いていた私までが、怒りに震え、翌日のブログで逆転判決を書かざるを得なかった。ディベートはスピーチ・コンテストではない。人の文書を丸暗記して、発表するコンテストではない。ネイティヴの発音矯正を受けて、ネイティヴに成り切る暗誦《あんしょう》コンテストではない。あくまで自分たちの頭で考える（think on one's own）闘いなのだ。発音よりロジックである。その意味で男性的だ。

西日本でディベートのチーフ・ジャッジを務めてきた私が最強のチームと絶賛して惜しまない大学は、当時神戸大と大阪外大と天理大の三校だった。

いずれもチームワークがよく、プライドが高く、発音もネイティヴに依存せず、自分たちで学ぶ先輩仕込みのものであったという。彼らにとり、ネイティヴがゴロゴロいる、私の母校の関学や、神戸女学院は、ヨダレが出るほど羨《うらや》ましい存在だったらしい。そのくやしさをバネに、トップクラスに進出した神戸大のディベート・チーム、そしてその最強チームから、同時通訳の道に入られた新崎氏に拍手を惜しまない。三〇を越えてから同時通訳に挑戦するのだと一念発起し、インター・オーサカに駆け込んだという猛女《もさ》である。設立当時からインターオーサカとは深い関わりのある私は、彼女と奇しき縁を感じるのだ。同通とディベートは、まるで磁力のようにお互いを惹《ひ》きつけあっている。そこに「何か」がある。

同時通訳者は本来一匹狼

一匹狼は、a lone wolf と訳されている。ちょっと疑問である。狼の研究家でもある私はこう思う。一匹でしか生きていけない狼はひ弱な存在ではないかと。ローン・ウルフとははぐれ狼という訳がいいかもしれない。しかし、武蔵を a lone samurai と訳す人がいるから、a lone wolf は浪人という風情で、中《あた》らずといえども遠からずなのかもしれない。しかし、通訳業界で「一匹狼」という場合、組織に属していないから、maverick（無所属の牛）と訳した方がよさそうだ。

世界史に眼を転ずれば、三五年前のサイマル王国は、サイマル帝国と呼ぶに相応《ふさわ》しい権力構造を誇っていた。まるでローマ帝国、東京という名のローマは、政治、外交、経済、メディアの中心であったから、ナンバー・ツーの大阪といえども、その他大勢の属国の一つであり、いつ植民地化されても反抗できない知的不毛地帯に近かった。

私は幸か不幸かそこで育った。インター・オーサカのチーフ訓練士として、いずれ東京のサイマル王国を打倒するのだと小谷泰造社長（最近引退されたと聞く）と共に勇んでいたものだ。サイマルだけでなく、ＩＳＳもＪＣＳも利権と結びつき、関東らしく、政治パワーが物申すタテ社会であった。

だから、上京し、米国大使館に入館したあとは西山千氏の翼の下に隠れ、虚々実々とした通訳サービス業界とは等距離を保つことができた。西山名人は、コミュニケーションの達人で、どの組織とも仲良く、どの組織に対しても協力を惜しまれなかった。しかし、あのカマキリの複眼で、天下の動向を見据えておられた。

「あのままじゃサイマル・グループはいつまでも続かない。まるで、サイマルが鵜匠《うしょう》のようだ。飲み込んだ鮎《あゆ》を鵜のノドから絞り出すような組織は、必ず怨念《おんねん》を生む」。通訳者を雇う組織を芸者の置屋と揶揄《やゆ》した人もいたぐらいだから、名人のコメントはあるていど的を射ていた。

師の名誉にかけていうが、これらの比喩《ひゆ》は、断じて西山名人の表現ではない――私の主観が混じっている。ただ、このままでは問題になる（Something has to give.）という微妙な表現をされていたことは間違いない。師の独得な予知能力はまるで一年先の降雪量を予測するカマキリのようだ。

アメリカ大使館が最も恐れていたのは、サイマル・グループであった。彼らの協力が得られなければ、日米のプログラムが組めないのだ。だから一匹狼でもいい、草鞋《わらじ》を脱いでくれる用心棒が必要であったのだ。そこへ関西出身の私という狼（lone samurai）が迷入した。

さて、サイマル王国＝ローマ帝国の比喩を続ける。ローマ帝国はコンプライアンスで統一しようとした。ローマ兵たちは、ローマの軍人というブランドに誇りを感じていた。クライアントに対しても「強さ」からの交渉ができた。同時通訳にあたり、スピーチの原稿を必ず提出させること、本人との打ち合わせの時間は必ず確保させること等……。それでなければ取引に応じない。だから、組織のバックをもたないフリーの通訳者は、「弱さ」からの交渉で、いつも泣かされることになる。泣かされるのはいつも野良犬だ。しょせん、サイマルというメディア（サイマル出版会）を持つ大組織がかかえる番犬どもには歯が立たない。

とにかく、ローマ軍は、強兵《つわもの》が多い、軍隊訓練も激しい。多くの羊たち（クライアント）を死守するための番犬（sheep-dogs）に、個人プレーは許されない。その軍律の厳しいサイマル帝国がなぜ崩れたのか。塩野七生の『ローマ人の物語』全三四巻を読み終え、滅亡の法則を私なりに発見した。

そこには外敵と内敵の二つの要因がある。外敵とは、ゲルマンという狼だ。平地の戦いに強いローマ軍団も、山地や森林から、奇襲攻撃をかけてくる狼（ゲルマン）集団には勝てない。とにかく、ローマはトップダウンで動く。タテの命令系統はあくまでタテ。だから、戦略、戦術、戦闘、兵站《へいたん》の計画が立てやすい。

ところが、狼軍団は、組織というよりも、家族単位で動く。しかも平原より、起伏の多い山地だ。今のアメリカを悩ませるテロリストのように、狼のヨコのネットワークにばらつきがあっても、親分小分といった小単位がばらばらに攻撃をかけるから、システムで動くローマ軍、そして今のアメリカ軍を翻弄《ほんろう》する。

次の理由は内敵だ。サイマルは、本質的にギルド集団であり、経営そのものの得意な人がいなかったから、免疫性がなく、マネージメント・スキルに欠けており、無理して経営を多角化すると、どこかでタガがゆるみ始める。ガン細胞が発生しやすくなる。脱走兵が増える。多細胞化（マルチセリュラリティー）するにつれ、諸々《もろもろ》の病状が発生するように、サイマルも、幹細胞の機能が低下し、徐々に求心力を失っていった。そしてついにサイマルは崩壊し、ベネッセに吸収されていく。

私には忍者的感覚があり、サイマルの受付の応対ぶりを見て、崩壊を予見はしていた。ところが、私以上に予知能力のあった西山名人がなぜ、サイマルの運営方式に批判的であったにもかかわらず、サイマルに協力を惜しまなかったのか。

三つ理由がある。

一つ目は恐怖。サイマルが恐ろしかった。サイマルの協力なくしては米国大使館は独自の日米会議が開けない。

二つ目は必要性。サイマルが必要だった。名人は、仲間意識が強いし、友人を大切にする。とくに日系米人の親友、ベン・マサオカの伝記を書きたかった。第二次世界大戦中、ヨーロッパ戦線でドイツ軍に包囲された米軍テキサス大隊の救出作戦に参加し戦死した友人である（西山千『真珠湾と日系人』）。ベン・マサオカ君に献げる本を書きたい。そのためにはサイマル出版会というメディア・サポートが必要だった。貸しのある出版社はサイマル出版会しかなかった。

三つ目は、仁義。サイマル・グループにも経営上の悩みがある。生徒を集めなければならない。相談相手になっている間に、同情心が湧いたに違いない。

「同時通訳なんて技術は、クラスなんかではできませんよ。通訳は人気商売じゃない。村松さんなんか、いつもニコニコと、訓練すればだれでもできるといっていますが、本心は違うでしょう。あの方は自分に厳しいまじめな人間ですから」とはいいながら、私の名前でもお役に立つならと、恐縮しながら、サイマル・アカデミーの講師を引き受けられて、クラスで教えられている。こんな小兵の私でさえ同じことをすることがある。決して二重基準《ダブル・スタンダード》なんかではない。憐憫《れんびん》の念というべきものだろう。道元禅師なら、それを〝老婆心〟と呼ぶに違いない。

一匹狼稼業といえども、組織と仲良くしなければならないから、つらいものだ。

プロ通訳は自己責任

狼は家族単位で活動する。一匹狼の弱さが強さと同居する理由がここにある。オスの lone wolf は、家を創るために、メスを探すために自己責任の旅に出る。

共に闘う伴侶《はんりょ》を見つけなければ死。狼の現実は厳しい。

どんなことがあっても、耐えて、耐えて、あの集団《エージェント》にくっついておくべきだった、とあとで泣いても遅い。搾取されるのがいやなら、自分で食い扶持を稼がなければならない。

遠山貴子氏（ISS通訳研修センター顧問）はエージェントの頭越しの契約はルール違反だと厳しく戒めておられる。

サイマル王国が崩れた理由の一つは、ローマ帝国崩壊前の脱走兵と裏切り行為だ。兵？　そう、soldiersなのだ。通訳はSの世界。召使い（servant）の時はよいが、奴隷（slave）のように扱われたと感じると、すぐに他の将に寝返る。

通訳者は本来はservant、そしてエージェントは忠誠を誓うから、soldierである。兵となれば狼、あるいは狼上がりの番犬（これがまた狼と対等に闘うから強い）だ。モンゴル人が強い（日本の相撲界の横綱をみても分かる）のは、ウルフ・スピリットを持っているからだ。ウルフは、女のことで争わない。男同士では、闘う。慣れ合いはない。群に頼らない。そして強くて優しい将（ジンギスカンがそうであった）に憧れて鞍替えする。

これらの「蒼《あお》き狼」は一匹狼であっても部下がつく、そして育てるservant leaderになる。こういう狼を部下に迎え参謀にまで育てるには、将の器も同じように問われる。徳川家康（服部半蔵・柳生宗矩《むねのり》）や、道元（懐装・義介）、そしてライシャワー駐日大使（西山千）、劉備《りゅうび》（諸葛孔明《しょかっこうめい》）、これらのリーダーは、狼を軍師に迎え、参謀（servant leader）にまで育てあげ、自らもその狼参謀により育てられた。

将と参謀は、磁石の両極。西山千はライシャワー大使にぞっこん惚《ほ》れ込み、日系米人の親友べン・マサオカに対し心血を注ぎ書いた快著『真珠湾と日系人』を献げられた。仁義に篤《あつ》い名人であった。サイマル王国（出版ができたからメディア王国）が崩壊する前に、名人の必死の願いを叶《かな》えて、出版された。師に代わって、サイマル出版会にお礼を申し上げたい。絶版となった本書はもっと多くの日本人に読んでもらえればと思う。

「ヒマラヤ杉に降る雪」「愛と哀しみの旅路」という映画を観るたびに、師の若かりしころの苦悩に感情移入してしまう。バイリンガル・バイカルチュラル、そして同時通訳の天才と多才ぶりを羨ましがられ、嫉妬《しっと》された（私も妬《ねた》んだことがある）師匠は、言語の壁どころか、もっともっと人種の壁で苦しんで闘ってこられていたのだ。まさにモンゴルでいう「蒼き狼」だ。だからこそ、こんな私のような暴れ狼を懐に入れ飼いならすことができたのであろう。

翻訳とは何か

翻訳者として、世界中に名を轟《とどろ》かせた村上春樹も気になる。タイム誌からもちょくちょくインタビューされ、記事に登場される。著名人だからというよりも翻訳者だから気になる。なぜ気になるのか。

名人の翻訳者に対する怨念が、潜在意識のさらに深奥部で燻《くすぶ》っている。通訳者が浮かばれないではないか。

『論座』（二〇〇七年九月号）の「深化する『翻訳』――村上春樹の新たなる試み」を読んだ。中条省平（フランス文学者、学習院大学教授）の分析がおもしろい。バタイユの『眼球譚《たん》』の翻訳をデカルト風にクールに分析されている。

原タイトルの Histoire de l'œil を氏は「目玉の話」と訳している。私はフランス語は少しかじっただけで自信はない。六〇歳を越した名人は、速記の学校にも通われている勤勉家だが、「今からでも遅くない。フランス語で始めたい」と漏らされていた。名人なら、中条氏の話を目を輝かせて聴き入ったであろう。

……また、文章の音感の問題ともかかわるのですが、この小説には、卵と目玉と睾丸というオブジェが登場して、いずれも球体であるという共通点が物語の重要な伏線になっています。ちなみに、この三つの物体を、フランス語では「ウフ」「ウユ」「クユ」といいます。とてもよく似た音だからこそ、三つの球体が連想で結びつくのです。これを生田訳のように、卵、眼球、睾丸《こうがん》と訳し分けてしまうと、音の類似性はまったくなくなってしまいます。私はあえて下品な語彙《ごい》も用いて、玉子、目玉、金玉と訳し、視覚的、音韻的類似を日本語訳でも保つように努めました……（『論座』）

この辺の話になると、名人は、「ふむふむよく分かる、よーく分かる。翻訳者にも読ませたい。通訳者の言葉には、声の表情、そして視覚的、音韻的な工夫がなければなりません」というに違いない。同時通訳であっても、可能な限り言語にマッチした通訳であることを心掛けておられたからだ。言葉の持つ、さまざまな要素を含めた訳こそが、名訳なのだから。

村上春樹の文体には、表情がある――やや冗話の多いのが気になるが。しかし、上方芸術としては、村上流の誇張は許される。絶対に許されないのは、通訳や翻訳の仕事上でのオーバーインタープリテーション（過大解釈）だ。過大解釈は、危険な誘惑である。

そして、通訳者は、常にその誘惑《リスク》と闘っている。

名人・西山千の風姿

本企画にあたり、インタビューした人の数は五、六〇名以上にもなろうか。西山千なる人物の印象に絞ってまとめてみれば、「ダンディーで、人当たりのよい紳士」に集約される。その意味で、師へのコメントの代表的なものといえば、先述の鳥飼玖美子氏のその域を出ない。読売新聞の同時通訳のコラムで連載されており、かなり知られている方なのだが、私は、彼女とはブースでお供したこともないし、彼女の同時通訳スタイルというものも知らない。ただ、関西で同時通訳を始めたところに、すでに名前が知られていた。同時通訳という言葉が話題になり、大阪万博を控え、同時通訳の養成学校が雨後のタケノコのように乱立し始めたころだ。天才同時通訳者、鳥飼玖美子というブランドだけが日本全土に拡がり、関西に来られた時も、ブースの中の彼女を一目とばかり、駆け出しの同時通訳者の卵が群がったものだ。

長野県の山奥で雲隠れしていた私は、同時通訳とは、忍術のようなものと信じ込んで、厳粛な気持ちで、インター・オーサカの教育担当を引き受けた。正社員ではなく、派遣社員としての人生の第一歩であった。その時の印象が、「ええ、あの鳥飼玖美子さんて、タレント?」であった。あの女子大出身の可憐なお嬢さんが、ブースの中で身振り手振りで通訳（演出?）されている。しかし、同時通訳されていることは間違いない。ブースの外だから、言葉はほとんど聞こえない。あれが同時通訳のプロというものか。信じられなかった。その彼女がブースから出られたとき、ファンに取り囲まれた。私もスターに圧倒された（star struck）ファンの一人であった。

彼女が師事していた同時通訳の大御所は、國弘正雄氏だったはずだ。それが小松達也氏に傾斜されるようになり、読売の連載コラムでは、西山千ともかなり近い存在であったことを知った。メディアに影響力のある彼女の印象や直感が、言葉になり、それが大衆を惑わすことにならないか。西山千の優しくダンディーな面だけが、世間の評に晒《さら》されることになりはしないか。

「正真正銘のバイリンガルでした。美しい日本語を話し、英語は完全な母語話者。優しくて丁寧で、ダンディーな紳士でした。……西山さんの一番使いやすい言葉は英語だったのかなと感じました」（「時代の証言者」読売新聞、二〇〇九年九月一六日）

人それぞれ、光と闇の両面はある。師に対する「表」の評価は一致している。私は、本書では、これまで語られなかった、師の「裏」の部分について触れてみないとフェアではないと思った。そのためには、光の部分の考察も必要であろう。

まず、鳥飼流派と西山流派の違いに光を当ててみよう。

彼女のちょっとした発言が気になる。元NHKの木島則夫アナとの出会いを語っておられる。

「「モーニングショー」は別の意味でも画期的でした。通訳者の名前を視聴者に紹介したのです。それまで私たちは、氏名が一切出ず、「透明な存在」として扱われてきました。ところが、あ

の番組は初めて、「通訳・鳥飼玖美子」とテロップを出してくれたのです。（「時代の証言者」読売新聞、二〇〇九年九月三〇日）

彼女は、この機《しお》に世に出た。いったん世に出ると、透明な存在に戻れなくなる。その悲哀は私も経験した。いずれにせよ、同時通訳を広く世に知らしめた、鳥飼玖美子氏の存在は無視できない。知名度（visibility）は繰り返すまでもなくプラスでありマイナスでもある。表へ出る――この時が、その人物にとり正念場（the defining moment＝定義されてしまうモメント）となる。表に出ることを恥とみなす人物もいる。まず、国際的コミュニケーターを自認されている國弘氏は、同時通訳者という肩書きがお気に召されないようだった。

わが師は、「……大きなヘッドホンを両耳にこぶのようにつけた奇妙なかっこう、そして、異常に集中しているためにたいへんなしかめつらをする私の顔を、テレビカメラで映してもらいたくなかったので、私は『とんでもない！』と反対した」（『英語の通訳』）と述べられている。

NHKからは「いや、実はまた視聴者から問い合わせがありまして、『あの通訳する機械はどんな装置か』とたずねられました。それだから、機械ではなく人間だということを見せたいのです」とせがまれて、しぶしぶ承諾されたという。これが通訳は透明人間であるべき、という忍者頭・西山千の信条なのだ。別に華々しいスタートを切った鳥飼玖美子氏を別扱いしているわけではない。

――私も「抜け忍」の一人だから――。ただ、区別はする。私がブースでお供した多くのプロ同時通訳者の中には、世に名前を残せなかったが、同時通訳者に要求される透明性のルールを守り続けた実力者が大勢いる。

それら忍者たちが、束になっても歯が立たなかったのがわが師・西山千ではなかったか。その師が、「ほかにもいろいろな流派がありまして……」と他流派を持ち上げることこそあれ、批判されることは一度もなかった。

武蔵が『五輪書』の「風の巻」で述べていることと同じだ。

他流派の悪口を言わない。攻撃はせず、自己防衛のためのセルフ・エスティーム（自尊心）を失わず、独行道を貫く、というのが、男・西山千の生き様であった。決して、優しくて、ダンディーなジェントルマンなんかではない。

新西山流通訳道

「道」という言葉を使うことを面映《おもは》ゆく（名人好みの表現）感じられたのか、ずっと「術」という言葉を使われていた。しかし、「行」という次元で考えれば、西山流の通訳道を確立されたことは間違いない。「私が西山流派を継ぎます」とご本人の前で言っても、あの黒曜石のような両眼をじっと私に向けたまま、一言もコメントをされなかった。

イエスなのかノウなのか、わからない沈黙の空間が多かったが、最も私が解釈に困ったのは、この時の「間」であった。そこで、「新」という一字を加えた新西山流とは何か——名人の通訳道に私の体験と独断が加わることになる。

「アメリカ大使館へ来られませんか」と声をかけていただいて、上京を決意したときから、私の人生は急旋回し始めた。二人がアメリカ大使館を去ったあとも、縁は続く。まず、名人をソニーへ引っこ抜かれた井深大氏から、私にも電話があった。英語のリスニングの強化法のシステム化に闘志を燃やされていた頃だ。最近では、国際教養大学の中嶋嶺雄学長（ヴァイオリンの名手である）から、声がかかった。客員教授になってから、鈴虫と不思議な縁が生まれた。この鈴虫がミューズとなり、私に不思議な霊感を与えてくれた。

鈴虫は歌っているのではない。二枚の前翅《ぜんし》を弦楽器として摩擦させながら、音楽を奏でているのだ。一枚の翅《はね》じゃ、音楽は生まれない。すぐに、松本のスズキ・メソードが気になって、たびたび足を運ぶことになった。——音楽——。そうだ、西山名人の同時通訳をひとことでいえば、音楽なのだ。日本一の同時通訳者はだれかとなれば、百花繚乱《りょうらん》のこの業界では、意見は分かれるだろう。西山流に身を染めた以上、面映くて、とってもわが流派が日本一とはいえまい。流派を構えるということは難儀なもので、発言しづらくなるものだ。また、名人が、そんな大それた発言をされるはずもない。

　したがって、私がこの紙面を借りて吹聴《ふいちょう》できることがあるとすれば、西山流同時通訳は、one and only（ユニーク）ということだ。ベストではなく、ジ・オンリー・ワンにとどめておこう。その哲学は、音楽であろう。サイマルの母と言われた（小松説）斎藤美津子教授が、西山千名人の通訳がベスト（耳に最も快適）だといわれた理由も「音楽」を見いだされたからではないだろうか。

　言語と音楽をいかにハーモナイズさせるか。通訳に限定せず、異文化コミュニケーションの分野にも通用する理論を確立したい。これは、不肖の弟子であったこの私に課せられた責務ではないか。名人がやり遂げることのできなかったライフワーク――その苦役を荷うことは、新たな旅路《ジャーニー》につくような興奮《スリル》を感じる。

あとがき

名人は眼に表情のある人であった。

言葉がなく、眼だけで語られる時もあった。

アメリカ大使館で、西山千師匠の下で、同時通訳の修業を続けていた時期だから、私が三〇歳を越えたばかりのころになる。二人だけの空間でこんな話のやり取りがあった。

「いずれ、先生の教えを書かせていただきます。西山流派を私が継ぎますので……」

じっと、私の目を凝視したまま、沈黙されていた。

弟子を集めて、流派を構えるといった暑苦しいタイプのリーダーではない。しかし、三年待っていただければ、きっと日本一の同時通訳者になり、恩返しをしたいと、書式にしてまで誓った、ギラギラした野心家が師の眼前にいる。

(頼もしいな、この松本という男は)

そう思ったかどうかは分からない。とにかく沈黙のままで、語っていたのは、師の黒い瞳《ひとみ》だけだったのだから。

ただ、私は書くと約束をしてしまった。

書くな、という返答はない。

あれから三七年以上経った。そして師が九五歳で亡くなられてから、ちょうど一年経った。亡くなる七、八年前だったか、久しぶりに師の顔《かんばせ》に接した。それもNHKのテレビの画面を通じてである。八〇代後半の師から、五〇代後半の弟子であった私の顔は見えない。テレビは一方的だから仕方ない。

（しばらくお会いしていない間に、ずいぶん、お老けになられたものだ）

話題が、アポロ月面着陸の同時通訳の思い出話に移った。バスの中で見知らぬ老婦人に話しかけられた時のエピソードである。

「どうも有難うございました。私の生きているうちに人間が月に立つなんて、まるで夢のようなことでした。それが全部あなたのおかげで、よくわかりました。一生の思い出になりました」（『英語の通訳』）

その時、師の眼が一瞬潤んだ。

もったいないお言葉。通訳者冥利《みょうり》に尽きます、といった感謝の念が師の両眼に浮かんでいた。

鬼の眼にも……。失礼ながら、同時にそう感じてしまった。

大使館時代、三〇歳も若い私を、とことんしごいてくださった師は、まさに鬼軍曹。敬慕の念がなければ耐えられない厳しさであった。しかし、懐かしさにさまざまな感情が入り混じった。

西山名人語録を書いてみたいという着想は、間違いなく三七年以上も前に生まれていたから、画面で見た涙はその実現の突破口にもなろう。

テレビで月面からの声を同時通訳する人の役目は、本来ならば黒子《くろこ》であって自分の姿、そして名前までも伏せて、内容だけを伝えることではなかったか。――秘すれば花。決して主役になってはいけないのだ。

ところが、人間業とは思えないと衝撃をうけた多くの視聴者は承知せず、同時通訳の機械のようなものが設置されているはずだから、それを見せろとだだをこね、挙げ句の果てはNHKテレビ局の方でも、生身の人間である同時通訳者をテレビの画面に登場させざるを得なかったという。

ブースの中でヘッドホンをつけたままの姿でテレビに出る――プロの同時通訳者にしては、江戸時代の被疑者が白州へ引き出されるような心境ではなかっただろうか。

同業者であった國弘正雄氏は、当時、あんな屈辱的な真似は、と辞退されたぐらいだから、決して的外れだとはいえない。

私も西山千名人から、薫陶を受けた弟子を自任している以上、通訳はあくまで黒子にとどめておきたい、と今でも信じている。

今も私は、師匠の秘伝を受け継いでいる。

同時通訳の心は、「秘すれば花」に尽きる、という教えだ。当時の日記を振り返り、その「秘」の部分を証明することは、道義的には矛盾めくが、これも師への報恩、鎮魂、そして師の偉業を顕彰するという社会的意義において、私に課せられた責務であり、天命《コーリング》ではないかと考える。

身の縮まる思いで書いたといえばやや仰々しいが、最初のうちは私個人の思い入れが強すぎたため、これを機会に、これまでの名人が書かれた本を再読し、「通訳訓練テープ」(日本通訳協会)で語られた講義録を聴き直すことにした。西山千の通訳道は、人生道そのままであった。

晩年はご夫婦水入らずで、ひっそりと余生を送られていたようで、どのように過ごしていらっしゃったのか不明である。聞き込み調査はとりわけ困難を極めた。語ってくださった方もあったが、オフレコも多く、匿名希望者もおられた。

同時通訳の神様。品格があり、人間的には申し分がないと絶賛する声は、まるで賛美歌のように聞こえた。西山名人は、身近な人間ではあったが、私の思いも同様であった。しかし敢えて、失敬にならない程度に、名人を神棚から下ろし、「脱神格化《デミソロジャイズ》」を試みることにした。しかしそんな試みも徒労に終わることが重なり、思い切って調査の枠を広げざるを得なくなってしまった。

調査に協力してくださった多くの方々に、感謝の意を表したい。

松本道弘

【西山千略歴】

一九一一年九月一二日、ユタ州ソルトレークシティで生まれる。

父親は、一八八七年、一九歳で渡米。母親も日本人で、家庭では日本語で育てられるが、ネバダ州の田舎町に住んでいた六歳の時に、アメリカの小学校に入る。はじめは、まったく言葉が分からなかったが、音を覚え、また子供同士の交流のなかから読み書きを覚えた。

ユタ大学大学院物理学修士課程を修了。不況と日米関係悪化から、一九三五年には日本国籍を取得し、逓信省電気試験所に勤務。

一九四五年、日本政府の技官として、連合軍総司令部で、渉外関係の仕事の一部として、通訳をするようになる。また、サイマル・アカデミーで通訳術の研修者の訓練にも携わるようになる。

その後米国大使館広報文化局顧問として、ライシャワー氏をはじめとする歴代駐日大使の通訳を務めた。

一九六九年のアポロ11号月着陸の衛星生中継を同時通訳したことから、全国的に「アポロの同時通訳者」として知られるようになる。

一九七三年、ソニー株式会社理事を経て顧問に就任。

日本翻訳家協会理事長、国際翻訳家連盟理事としても活躍。日本ペンクラブ名誉会員。

二〇〇七年七月二日没。

【西山千の主な著書】

『通訳——英会話から同時通訳まで』（共著）日本放送出版協会、一九六九年
『通訳術——カタコトから同時通訳まで』実業之日本社、一九七〇年
『誤解と理解』サイマル出版会、一九七二年
『英語のでこぼこ道』サイマル出版会、一九七七年
『通訳術と私——生きた英語説得力ある表現の秘訣』プレジデント社、一九七九年
『私の英語体験』（共著）プレジデント社、一九八〇年
『アメリカ生活わかる本』同文舘出版、一九八八年
『英語とつきあう私の方法』三笠書房、一九八八年
『英語の通訳　異文化時代のコミュニケーション』サイマル出版会、一九八八年
『新・誤解と理解　日米のコミュニケーション』サイマル出版会、一九九一年
『真珠湾と日系人』サイマル出版会、一九九一年
『ことばの落とし穴』ディーエイチシー、一九九五年
『同時通訳おもしろ話』（共著）講談社、二〇〇四年

【西山千の主な翻訳書】

『世界を再造する』フランク・N・D・ブックマン著、毎日新聞社、一九五〇年

『アジアの中の日本の役割』E・O・ライシャワー著、徳間書店、一九六九年

『日本人の表現構造――ことば・しぐさ・カルチュア』D・C・バーンランド著、サイマル出版会、一九七三年

『地球社会の教育――世界市民意識の創造』E・O・ライシャワー著、サイマル出版会、一九七四年

『日本人の表現構造――公的自己と私的自己・アメリカ人との比較』D・C・バーンランド著、サイマル出版会、一九七九年

『地球社会の教育――21世紀世界の人間づくり』E・O・ライシャワー著、サイマル出版会、一九八四年

角川学芸ブックス

同時《どうじ》通訳《つうやく》

初版発行　平成二十二年三月十日

著　者……松本道弘《まつもとみちひろ》

発行者……青木誠一郎

発行所……株式会社 角川学芸出版
東京都文京区本郷五―二十四―五　角川本郷ビル
〒一一三―〇〇三三
電話／(〇三) 三八一七―八五三五
http://www.kadokawagakugei.com/

発売元……株式会社 角川グループパブリッシング
東京都千代田区富士見二―十三―三
〒一〇二―八一七七
電話／(〇三) 三二三八―八五二一
http://www.kadokawa.co.jp/

印刷所・製本所……文唱堂印刷株式会社

落丁・乱丁本はご面倒でも角川グループ受注センター読者係宛にお送りください。
送料は小社負担でお取り替えいたします。

ISBN978-4-04-621281-8 C0395